新学期生・春期講習生

春期講習会

無料

クラス分けテスト
― 今の君の学力を判定します ―
毎週土曜 14:00～

小学生 算・国
▶新小5・新小6受験コースは理社も実施

中学生 英・数・国
▶新中1は算国のみ

カウンセリング実施
テスト終了後、すぐに無料で
個別カウンセリングを行います。
今後の学習計画にお役立てください。

「本気でやる子を育てる。」

早稲田アカデミーの教育理念は不変です。

本当に「本気になる」なんて長い人生の中でそう何度もあることではありません。

受験が終わってから「僕は本気で勉強しなかった」などと言い訳することに何の意味があるのでしょう。どうせやるんだったら、どうせ受験が避けて通れないのだったら思いっきり本気でぶつかって、自分でも信じられないくらいの結果を出して、周りの人と一緒に感動できるような受験をした方が、はるかにすばらしいことだと早稲田アカデミーは考えます。早稲田アカデミーは「本気でやる子」を育て、受験の感動を一緒に体験することにやりがいを持っています！

入塾された方
全員にプレゼント

早稲田アカデミー
オリジナルペンケース
（ブラックまたはホワイト）
＆ペンセット

JN114438

早稲田アカデミー 20… 2/20 16:00現在）

8年連続 全国No.1 **開成高 68名合格！** 定員100名

15年連続 全国No.1 **早慶（一次）高 1**

開成高 全国No.1	慶應女子高 全国No.1	慶應志木高 全国No.1	慶應義塾高 全国No.1	慶應湘南藤沢高	早実高 全国No.1
68名合格	87名合格	271名合格	263名合格	24名合格	197名合格
定員100名	定員約100名	定員約230名	定員約370名	定員約50名	定員180名
立教新座高 全国No.1	豊島岡女子高 全国No.1	青山学院高 全国No.1	ICU高 全国No.1	明大明治高 全国No.1	明大中野高 全国No.1
335名合格	102名合格	89名合格	77名合格	98名合格	122名合格
定員約98名	定員90名	定員約180名	定員240名	定員約100名	定員約165名

※No.1表記は2015年2月当社調べ

お問い合わせ・お申し込みは最寄りの早稲田アカデミーまたは、本部教務部

information
ーインフォメーションー

早稲田アカデミー
各イベントのご紹介です。
お気軽にお問い合わせください。

新中1　新中1学力診断テスト　無料

中学入学直前の学力診断真剣勝負！

3/21 祝

▼会　場
早稲田アカデミー各校舎
▼時　間
10：00～12：40
※ 校舎により時間が異なる場合がございます。
詳しい成績帳票で個別の学習カウンセリングを実施。

パソコン・スマホで簡単申込み!!

算数(数学)・国語・英語・理科・社会の定着度を総合的に診断します。

・到達度診断テストⅠ（算数・数学）	40分
・到達度診断テストⅡ（国語・英語）	40分
・到達度診断テストⅢ（理科・社会）	40分
・新中１オリエンテーション	20分

新　保護者対象　同時開催

中1ガイダンス　無料

情報満載！早稲アカが教えます。

・中1学習の秘訣
・普通の子が伸びるシステム
・部活と塾の両立のカギ
・地域の中学校事情や入試制度

3/21 祝

※ ガイダンスのみの参加も可能です。
※ お申し込みはお近くの早稲田アカデミーまでお気軽にどうぞ。

※お申し込み・お問い合わせは、お近くの早稲田アカデミー各校舎までお気軽にどうぞ。

新中2 新中3　日曜特訓

お申し込み受付中
お近くの早稲田アカデミー各校舎までお気軽にどうぞ

一回合計５時間の「弱点単元集中特訓」！

4月～7月 実施

難問として入試で問われることの多い単元は、なかなか得点できないものですが、その一方で解法やコツを会得してしまえば大きな武器になります。早稲田アカデミーの日曜特訓は、お子様の「本気」に応える、テーマ別集中特訓講座。選りすぐりの講師陣が、日曜日の合計５時間に及ぶ授業で「分かった！」という感動と自信を、そして揺るぎない得点力をお子様にお渡しいたします。

中2必勝ジュニア

「まだ中２だから……」なんて、本当にそれでいいのでしょうか。もし、君が高校入試で開成・国立附属・早慶など難関校に『絶対に合格したい!』と思っているならば、「本気の学習」に早く取り組んでいかなくてはいけません。大きな目標である『合格』を果たすには、言うまでもなく全国トップレベルの実力が必要となります。そして、その実力は、自らがそのレベルに挑戦し、自らが努力しながらつかみ取っていくべきものなのです。合格に必要なレベルを知り、トップレベルの問題に対応できるだけの柔軟な思考力を養うことが何よりも重要です。さあ、中２の今だからこそトライしていこう!

中3日曜特訓

受験学年となった今、求められるのは「どんな問題であっても、確実に得点できる実力」です。ところが、これまでに学習してきた範囲について100%大丈夫だと自信を持って答えられる人は、ほとんどいないのではないでしょうか。つまり、誰もが弱点科目や単元を抱えて不安を感じているはずなのです。しかし、中３になると新しい単元の学習で精一杯になってしまって、なかなか弱点分野の克服にまで手が回らないことが多く、それをズルズルと引きずってしまうことによって、入試で失敗してしまうことが多いものです。真剣に入試を考え、本気で合格したいと思っているみなさんに、それは絶対に許されないこと!　ならば、自分自身の現在の学力をしっかりと見極め、弱点科目や単元として絶対克服しなければならないことをまずは明確にしましょう。そしてこの「日曜特訓」で徹底学習して自信をつけましょう。

本部教務部 03（5954）1731 までお願いいたします。

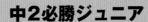

Success15 fifteen

サクセス15
April 2015
4

http://success.waseda-ac.net/

CONTENTS

07 志望校選びはここから!
国立・公立・私立徹底比較2015

14 中学生に読んでもらいたい
東大生オススメ ブックレビュー

18 SCHOOL EXPRESS
『しなやかな強靭さ』を育む
早稲田実業伝統の人間教育
早稲田実業学校高等部

22 School Navi 203
中央大学附属横浜高等学校

23 School Navi 204
広尾学園高等学校

24 Focus on 公立高校
新たな価値を創造する次世代の
リーダーに求められる総合力の育成
神奈川県立 横浜緑ケ丘高等学校

REGULAR LESSONS

6 東大への架け橋
28 和田式教育的指導
30 世界の先端技術
33 正尾佐の高校受験指南書
34 東大入試突破への現国の習慣
36 楽しみmath数学! DX
38 英語で話そう!
39 古今文豪列伝
40 みんなの数学広場
44 先輩に聞け! 大学ナビゲーター
46 ミステリーハンターQの歴男・歴女養成講座
47 あれも日本語　これも日本語
48 サクニュー!
49 あたまをよくする健康
50 サクセス書評
51 なんとなく得した気分になる話
52 サクセスシネマ
53 高校受験 ここが知りたいQ&A
54 サクセスランキング
56 15歳の考現学
58 私立INSIDE
60 公立CLOSE UP
64 高校入試の基礎知識
68 中学生のための学習パズル
70 私立高校の入試問題に挑戦!!
72 サクセス広場
73 イベントスケジュール
74 Success15 Back Number
75 さくいん
80 編集後記

東大への架け橋

VOL.1
text by ゆっぴー

自分を信じるのは自分しかいない!

はじめまして! 今月からこのコラムを担当する、東京大学・新3年生のゆっぴーです。(じつはこの東大生コラム初の女性です!)

簡単に自己紹介すると、出身は埼玉県で、大学ではおもに教育学について勉強しています。おしゃべりな性格のせいか、周りからは「全然東大生っぽくないよね!」と言われます(笑)。

そんな私ですが、受験勉強や未来を描いていくヒントなど、さまざまなアドバイスを伝えていけたらと思っています。勉強の息抜きに、ぜひ毎月読んでくださいね。1年間よろしくお願いします!

さて、2月号の「東大手帖」で「東大生はすごい人ばかりではない」という話がありましたが、みなさん覚えていますか? 私も東大に2年間通ってみて、その通りだと感じています。なかには、「天才」と呼ばれるような人が少なからずいて、私の友人にも、ノートをじっと見つめていれば、内容をすべて暗記できてしまう人がいます。

しかし、このような「天才東大生」はごく一部で、もちろん私も友人のように天才だったわけではありません。東大をめざした理由も、ひと言で言えば、自分に自信がなかったからです。自分より上の存在がいるのを知った瞬間、「どうせ自分はダメなんだ」と挫折し、自分に自信が持てない毎日が続いていました。

そんなとき、ある1つのドラマに出会いました。それは、偏差値30台の高校生が東大の合格をめざす『ドラゴン桜』(三田紀房・講談社刊)という漫画を原作にしたドラマです。これを見て、「普通の人でも東大に行けるんだ!」、「スポーツや芸術とは違い、勉強はやればやっただけ努力が正当に反映されるんだ!」と感じた私は、勉強だけはなにがあっても最後までやり抜こうと決めました。そして、最終的に東大に合格できました。

とはいっても、東大をめざすにあたって、つらいこともたくさんありました。そんなときに心のよりどころにしていたのが「自分を信じてあげられるのは自分しかいない」という言葉です。この言葉のおかげで、なにがあっても諦めずに、受験勉強を頑張れたのだと思います。

さあ、中1・2年のみなさんは4月から新学期が始まりますね。この言葉を胸に、自分に自信を持って、張りきっていきましょう!

ゆっぴーの大学生活

このコーナーでは、大学生活を身近に感じてもらうために、色々な話を紹介していきます。今回は多くの大学生が所属しているサークルについてです。

私は、大学1年のころ、フラダンスサークルに所属していました。もちろん大学に入るまでフラダンスなんてやったことはなかったのですが、可愛い衣装と楽しそうな雰囲気に引き寄せられて入ることを決めました。実際にやってみると意外とハードで苦労しましたが、秋には文化祭で踊れるまでに上達しました!

大学ではサークル活動が非常に盛んで、なかには「こんなのアリ!?」と思うような珍しいサークルもあります。私が知っているだけでも、ふすまサークル(ふすまを張り替えるらしい)、みかんサークル(みかんを愛してやまない人が集まっているよう)などなど…。

大学では、中高時代の部活動とはまったく異なるサークルに入って、自分の趣味を広げてみるのもいいかもしれないですね!

現役東大生・ゆっぴーに答えてほしい質問を大募集!
あなたの質問にゆっぴーが答えてくれるかも?

QRコードからも!!

あて先 〒101-0047 東京都千代田区内神田 2-4-2 グローバル教育出版 サクセス編集室
FAX : 03-5939-6014 e-mail : success15@g-ap.com まで質問をぜひお寄せください!

志望校選びはここから！

国立・公立・私立

徹底比較2015

今回の特集では、志望校を選ぶ際に多くの受験生が抱く
「国立高校・公立高校・私立高校ってどう違うの？」という疑問を解決し、
みなさんの志望校選びの最初の１歩をお手伝いします。
国立・公立・私立高校のそれぞれの特徴や魅力を
入試選抜方法、大学進学実績など、
さまざまな観点から比較しながらわかりやすくご紹介します。
これを読んで、自分の進路について真剣に考えてみましょう。

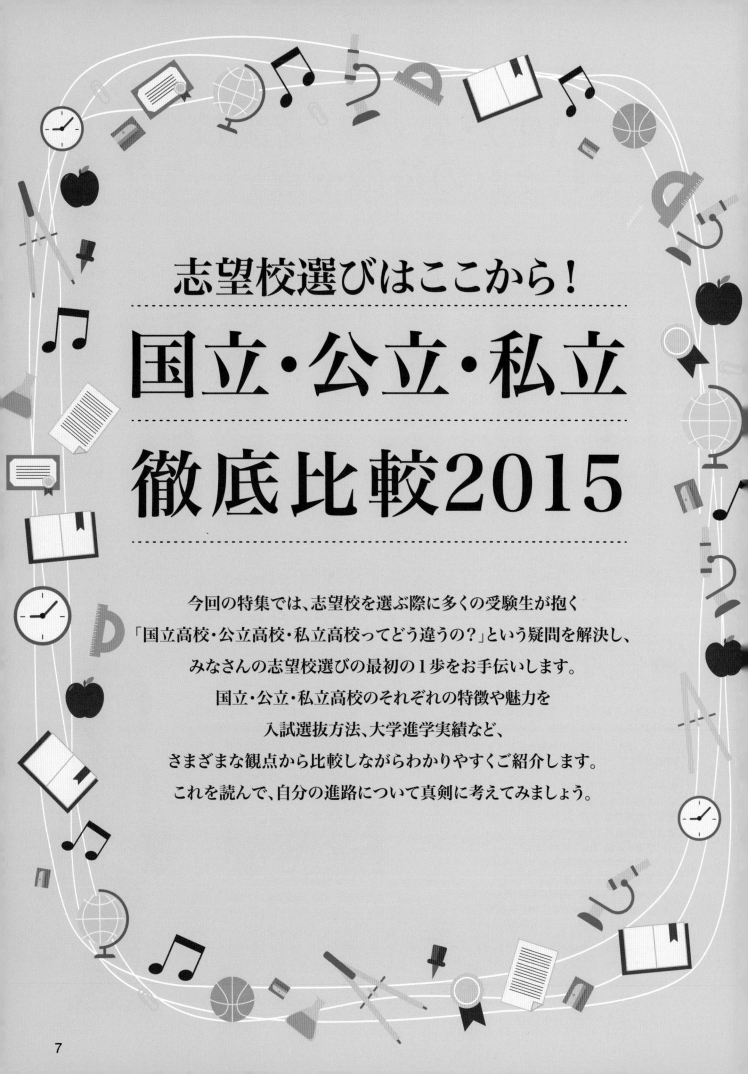

国立・公立・私立高校 それぞれの特徴や違いって？

国立・公立・私立高校 みんな違ってみんないい！

志望校を選ぶ第一歩として重要なのは、国立高校、公立高校、私立高校のどれを選択するかを決めることです。このページでは、それぞれの違いや特徴についてご紹介します。まずは、国立・公立・私立高校が成り立ちとしてどう違うのかを確認しましょう。

【国立高校】

国立高校は、国が設置した高校のことで、すべて国立大学の附属校となっています。

【公立高校】

公立高校は、都道府県や市町村など、地方公共団体が設置した高校のことです。

【私立高校】

私立高校は、国立、公立以外の設立母体により運営される高校のことです。独自性と特色のある教育を行う学校が多くあります。

それぞれの魅力を確認したら、10ページから入試形式や学費など、志望校選択のポイントとなる項目別に比較していきます。学校選びの参考にしてください。

国立高校 高校募集は首都圏で9校のみ 独自教育や高大連携教育が魅力

国立は首都圏に9校

高校からの募集を行っている国立高校は首都圏では以下の9校のみです。すべて国立大の附属校で、それぞれ独自の教育を行っている点が特徴です。

お茶の水女子大附属（東京・女子校）
筑波大附属（東京・共学校）
筑波大附属駒場（東京・男子校）
筑波大附属坂戸（埼玉・共学校）
東京学芸大附属（東京・共学校）
東京藝術大音楽学部附属音楽（東京・共学校）
東京工業大附属科学技術（東京・共学校）
※1 **東京大教育学部附属中等教育学校**（東京・共学校）
※2 **東京学芸大附属国際中等教育学校**（東京・共学校）

※1 募集は若干名　※2 高校からの編入は帰国生のみ

学期制や学費、教科指導、入試問題など学校ごとに異なります。また、募集人員があまり多くない点に加え、私立に比べて学費が安いことで、例年応募倍率は高い傾向にあり、入試に関しては全般的にレベルが高くなっています。

教養を育むカリキュラム 附属大学との連携教育も

東京大へ100名以上の合格者を輩出する**筑波大附属駒場**をはじめ、大学合格実績の高さと、それを可能とするカリキュラム編成も国立校の特徴です。

筑波大附属駒場（東京・男子校）

高2まではほとんど必修授業で、私立の進学校のように大学受験を見据えたコース制を取らず、偏りなくすべての教科を学ぶことで、しっかりとした教養を身につけることができます。

附属大学との連携教育も盛んに行われ、大学教員による出張授業や、大学研究室訪問など、最先端の学問に触れられる機会や環境が用意されていることも国立校の魅力です。

公立高校

地域に根ざした教育を推進 文武両道校が多い傾向

公立校の特徴とは

私立校に比べて学費が安く、学校数も多いので国立校のように募集定員が少ないということもない公立高校。都道府県立と、市町村立があります。埼玉の**県立浦和**と**市立浦和**のように、同じ名前でも違う学校もあるので気をつけましょう。

東京・神奈川・千葉・埼玉の都県立校で、現在学区制があるのは千葉だけです。千葉以外は、住んでいる都県内の公立校であれば出願できます。市立校については該当の市在住者のみ出願が可能です。入試は各都県・市町村ごとに入試日が定められ、いっせいに実施されます。

日比谷と並ぶ都立のトップ校
西（東京・共学校）

大学進学実績は、神奈川・千葉・埼玉では、私立校よりも公立校の活躍がめだちます。11ページでは４都県の東大合格者数を表にしていますが、公立校も多数ランクインしています。

じつは個性豊かな公立校

公立校は、入試難度に差がある程度で、あまり個性がないように思われるかもしれませんが、じつは各校ごとに独自の学校文化や校風が培われています。とくに文化祭や体育祭などの行事や部活動に熱心に取り組む学校が多く、文武両道が当たり前という学校もあります。

神奈川屈指の進学実績を誇る
横浜翠嵐（神奈川・共学校）

教育の面でも、東京と千葉の進学指導重点校、神奈川の学力向上進学重点校、埼玉の進学指導重点推進校など、各都県により呼び名は異なりますが、大学進学に力を入れた指導を行う指定校（62ページ参照）や、SSH、SGH指定校では、各校で積極的に特色ある教育が実施されています。また、埼玉、千葉では、公立校には珍しく男子校・女子校もあります。公立校を志望する場合も、各校の特色をよく調べることが大切です。

私立高校

学校ごとに個性がある私立校 自分に合った校風を選べる

学校ごとに特徴がある

私立校は、学校ごとに独自の建学の精神・教育目標に基づいて設立、運営がなされています。そのため、各校ごとに違った個性が教育や校風に表れやすく、家庭の教育方針や受験生の性格に合った学校を選ぶことが可能です。

国立校・公立校との違いとしては、

・共学校以外に男子校・女子校も多い
・キリスト教系や仏教系など、宗教法人が母体となる学校がある（ミサなど宗教的な行事を行う学校もあるが、入学のために入信する必要はない）
・大学附属校が多い（系列大学への推薦制度があったり、大学との連携教育が充実している場合がある）
・大学進学を見据えたコース制がある（例えば、同じ高校のなかでも、国公立大をめざすコースと私立大をめざすコースで時間割や勉強の進度や内容が異なり、各自の進路に合わせた学習ができるようになっている）などがあげられます。

キリスト教教育を行っている
国際基督教大高（東京・共学校）

ほぼ全員が慶應義塾大へ
進学する大学附属校
慶應義塾（神奈川・男子校）

学費は国公立より高め

国立校・公立校は税金により学校運営がなされますが、私立校はおもに生徒の学費によって運営されるため、国立校・公立校に比べ学費は高くなっています。しかし、そのぶん教育内容や学校の施設・設備など、国立校や公立校と比べて充実している部分も多いのが私立校です。修学旅行先が海外、理科実験施設が充実している、室内温水プールやナイター設備のあるグラウンドを持つ学校があるなど、公立中学校に通うみなさんから見ると驚くような教育環境を持つ学校が多いのも私立校の特徴と言えるでしょう。

入試形式（一般入試）

独自問題の国立校・私立校 公立校は県ごとにさまざま

国立校は、東京にある7つのうち、**東京藝術大音楽学部**は特殊ですが、ほかの学校はすべて同日に行われ、埼玉の**筑波大附属坂戸**は東京よりも少し早い日程です。入試問題は、すべて学校の独自問題で5教科が多いですが、5教科に加えて面接を実施する学校が2校、3教科のみの学校も1校あります。そして、私立校とは異なり、中学校における各教科の成績や特別活動等の記録が書かれた調査書も合否に関係します。

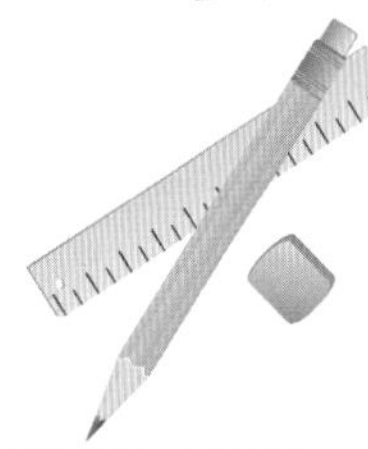

私立校は、学校ごとに試験日や問題が異なります。試験日は都県ごとに開始日が決められ、それ以降の日程で各校が試験日を決定しているので、受験日が異なれば複数の学校を受験でき、国立校や公立校との併願も可能です。

試験科目は3教科がほとんどですが、**開成**（東京・男子校）や**渋谷教育学園幕張**（千葉・共学校）のように、5教科で入試を行ったり、3教科に加えて2次試験に面接などを実施する学校もあります。入試は学校の独自問題なので、学校ごとに対策が必要です。

都県ごとに日程や検査内容にかなり違いがあるのが公立校です。東京は2016年度の検査内容が発表されていますので、そちらを紹介しますが、ほかの3県は2015年度のものです。

東京は、前期と後期に分けて入試を行う学校と第一次募集を実施し、定員に満たなかった場合のみ第二次募集を行う学校があります。入試問題は共通問題、進学指導重点校などのグループが集まって作成する問題、一部が学校の独自問題など、学校によって異なります。

神奈川は全員に面接が課されるのが特徴です。学校によって特色検査を実施する場合もあります。

千葉は9学区に分かれており、自分が住む学区とその隣の学区の学校を受験できます。前期・後期に分けて入試が行われ、同じ学校を2回受験することも可能です。

埼玉は学力検査に加え、芸術系学科など一部の学科で実技検査や面接が行われる場合があります。

このように入試形式は学校によってさまざまですので、よく調べることが大切です。

2015年度 国立校入試日程・検査内容

学校		
お茶の水女子大附属（東京・女子校） **筑波大附属**（東京・共学校） **筑波大附属駒場**（東京・男子校）	日　程	2月13日
	検査内容	国・数・英・社・理＋調査書
東京学芸大附属（東京・共学校）	日　程	2月13日
	検査内容	国・数・英・社・理 ＋調査書→面接（該当者のみ）
東京藝術大音楽学部附属音楽（東京・共学校）	日　程	1月20日～24日
	検査内容	事前に発表された課題曲
東京工業大附属科学技術（東京・共学校）	日　程	2月13日
	検査内容	国・数・英
筑波大附属坂戸高校（埼玉・共学校）	日　程	2月5日
	検査内容	国・数・英・社・理＋調査書＋面接

2015年度 私立校入試日程・科目

日　程	
東　京	2月10日以降
神奈川	2月10日以降
千　葉	2月5日以降
埼　玉	1月22日以降

科　目

国・数・英もしくは
国・数・英・社・理
＋面接などの学校も

2015年度 公立校入試日程・検査内容

	東　京	神奈川	千　葉	埼　玉
日　程	**第一次募集・分割前期募集** 2月24日 **第二次募集・分割後期募集** 3月10日	**学力検査** 2月16日 **面接・特色検査** 2月16日～18日の学校指定日	**前期** 2月12日・13日 **後期** 3月2日	**学力検査** 3月2日 **実技検査・面接** 3月3日
検査内容	**第一次募集・分割前期募集** 国・数・英・社・理＋調査書＋面接、作文（小論文）・実技など **第二次募集・分割後期募集** 国・数・英＋調査書＋面接、作文（小論文）・実技など	国・数・英・社・理 ＋調査書＋面接 または 国・数・英・社・理 ＋調査書＋面接＋特色検査 （実技検査・自己表現検査）	**前期** 国・数・英・社・理＋調査書 ＋２日目検査 **後期** 国・数・英・社・理＋調査書	国・数・英・社・理＋調査書 または 国・数・英・社・理 ＋調査書＋実技検査 または 国・数・英・社・理＋調査書＋面接
備　考	検査内容は2016年度のもの。面接等の実施は学校により異なる。また実技検及び面接等を2月24日以降に行う学校がある。	特色検査実施の場合、3教科になる場合あり。 特色検査は学校により異なる。 ※クリエイティブスクールの場合は学力検査施行なし。	前期の２日目検査は、面接・集団討論・作文など学校により異なる。 後期は面接等を実施する学校もある。	学校により実技・面接を実施。

大学進学

大学受験前提の国・公立校 系列大進学もある私立校

高校に進学後、大学に進学する場合、高校によって大学受験をするか、推薦制度によって系列の大学へ進むかは異なってきます。

公立校は、大学へ進学する場合、大学受験をすることになります。

国立校は国立大学の附属校ですが、その大学への推薦制度はない場合が多く、あるとしても若干名なので、大学受験をします。

一方、私立校は、学校によって、大学受験をする進学校、推薦制度によって系列の大学へ進学できる大学附属校、大学の附属校であっても他大学へ進学する生徒が多く外部受験にも積極的な半進学校と、さまざまです。推薦制度の内容も学校ごとに異なるため、附属校の場合は系列の大学に進みたい学部があるか、進学にあたっての基準や人数などを調べましょう。

さて、受験をして大学進学する場合、その高校の合格実績はやはり気になるものです。もちろん入学してからの努力次第ですが、参考として首都圏における東京大合格者数の多い学校を20位まで左の表にまとめました。私立の**開成**が158人と群を抜いています。国立校は首都圏にある7校のうち3校がランクイン、公立校も8校が入っています。

2014年度 首都圏高校別東京大合格者数ランキング

順位	学校名	人数
1	**開成**（東京・男子校）	158
2	**筑波大附属駒場**（東京・男子校）	104
3	**東京学芸大附属**（東京・共学校）	56
4	**渋谷教育学園幕張**（千葉・共学校）	48
5	**日比谷**（東京・共学校）	37
6	**県立浦和**（埼玉・男子校）	33
6	**豊島岡女子学園**（東京・女子校）	33
8	**西**（東京・共学校）	31
9	**筑波大附属**（東京・共学校）	29
10	**巣鴨**（東京・男子校）	26
11	**国立**（東京・共学校）	24
12	**横浜翠嵐**（神奈川・共学校）	22
12	**桐朋**（東京・男子校）	22
14	**県立千葉**（千葉・共学校）	21
15	**城北**（東京・男子校）	18
16	**湘南**（神奈川・共学校）	17
17	**栄東**（埼玉・共学校）	14
18	**大宮**（埼玉・共学校）	13
19	**市川**（千葉・共学校）	11
20	**県立船橋**（千葉・共学校）	10

□は国立、■は公立、■は私立
高校受験を行っていない中高一貫校は除いて集計しています

学費

学費は国・公立校に軍配 私立校は助成制度も

学費は国立校・公立校・私立校によって異なり、国立校・公立校に比べて私立校は高くなっています。ではいったいどれくらいの差があるのか初年度納入金をグラフでみてみましょう。

公立校は授業料と入学料を合計して12万4441円。

国立校の場合は、公立校よりも少し高く、合計17万1600円。

私立校は学校によってさまざまですが、授業料、入学料に加えて国立校・公立校にはなかった施設整備費などの諸費用も納めます。全国の平均金額をみてみると合計71万5644円となり、国立校の4倍以上、公立校の5倍以上です。

こんなにも大きな差があると、国立校・公立校の学費の安さは大きな魅力です。しかし、私立は学費がただ高いだけでなく、その金額に見合った充実した施設や教育内容が用意されています。なかには独自の特待生制度を設けている学校もあります。

また、現在は各家庭の経済的負担を軽減するために、国による高校就学支援金制度や都道府県による助成制度がありますので、こうした制度を活用して私立校への進学も検討してみましょう。なお、国立校・公立校に通う場合も利用が可能です。支援金や助成金は、世帯年収など受給するための条件がありますので、確認してみてください。

2014年度高等学校初年度納入金
※数値は文部科学省HPより

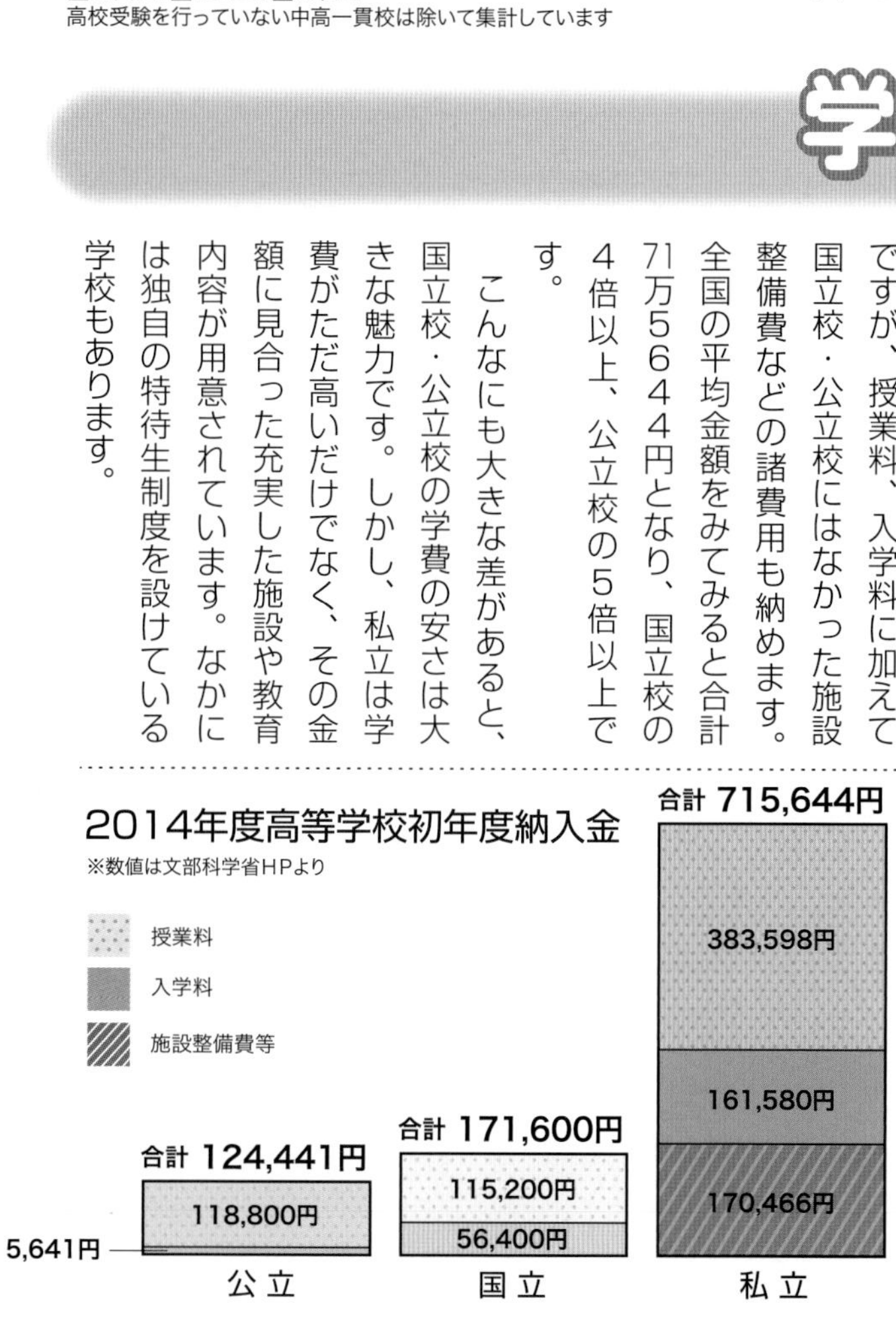

SSH

公立校の指定がめだつも 国・私立校の教育内容も充実

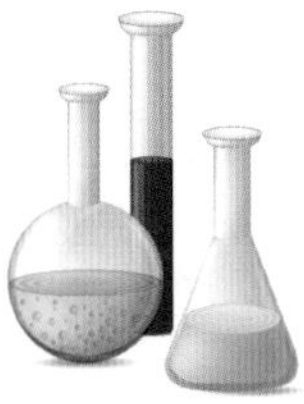

国際社会で通用する科学技術分野の人材を育成するため、文部科学省は2002年度（平成14年度）から、全国204校をSSH（スーパーサイエンスハイスクール）に指定しています。首都圏の2014年度SSH指定33校の内訳は、国立4校、公立23校、私立6校で、学習指導要領の枠にとらわれない独自のカリキュラムによって、先進的な理数教育を実践しています。

例えば、国立の**筑波大附属駒場**や**東京学芸大附属**は、科学者・技術者を育てるカリキュラムの研究開発や教材開発を主眼においた教育を行っています。

公立校は各校とも多彩な教育を展開し、なかには**浦和第一女子**のように、SSH指定校同士で交流を図る学校もあります。**県立船橋**は、千葉県内の学校が参加する千葉サイエンススクールネットの中核拠点であり、県内の理数教育をけん引する存在となっています。

私立の**早大高等学院**は、早稲田大の附属校であることから、大学の研究室訪問を行うなど、そのほかの私立校でも各校の特色を活かした教育を行っています。

もし、高校で理系分野の研究に挑戦してみたい、将来理系分野に進みたいと感じたら、SSH指定校への受験も視野に入れてみてはいかがでしょうか。

SGH

SGH指定校の中心となる 幹事校は国立校の筑波大附属

文部科学省は2014年度（平成26年度）より、将来、国際的に活躍できるグローバルリーダーを育成するために、SGH（スーパーグローバルハイスクール）事業を始めました。全国でSGHに指定された56校のうち、首都圏の学校は16校。国立・公立は3校ずつ、私立は10校です。**早大高等学院**、**玉川学園高等部**、**市立横浜サイエンスフロンティア**の3校は、SSHの指定校でもあります。

SGH指定校は国内外の大学や国際機関などと連携しながらグローバルな課題の解決に向けて学習を進めていきます。「各SGH校と連携した情報共有のためのネットワークの構築及び研究協議会の主催」などの役割を担う幹事校には、国立の**筑波大附属**が任命されています。

また、SGH事業をより広めるために、SGH指定校と同様にグローバルリーダーの育成に注力する学校をSGHアソシエイト校に指定しています。アソシエイト校はSGH指定校とSGHコミュニティを形成し、連携しながら教育を行っていきます。こちらは、首都圏では国立・公立2校ずつ、私立7校で計11校の指定です。

始動から丸1年を迎え、SGH事業が今後どのような広がりを見せるのか、注目が集まっています。

2014年度 SSH指定校一覧

東京都

●筑波大附属駒場
◎東京学芸大附属
◎東京学芸大附属国際中等教育学校※
◎東京工業大附属科学技術

◎科学技術　◎戸山
◎小石川中等教育学校※　◎日比谷
◎多摩科学技術

◎玉川学園高等部　○文京学院大学女子
◎東海大付属高輪台　●早大高等学院

神奈川県

◎県立厚木　◎西湖
◎県立神奈川総合産業　◎市立横浜サイエンスフロンティア

千葉県

◎柏　◎長生　◎市立千葉
◎佐倉　◎県立船橋

◎市川

埼玉県

○浦和第一女子　○川越女子　◎熊谷西
●春日部　●熊谷　◎不動岡
●県立川越　○熊谷女子　●松山

◎早大本庄高等学院

2014年度 SGH指定校一覧

東京都

○お茶の水女子大附属　◎筑波大附属

○佼成学園女子　◎順天
◎国際基督教大高　○昭和女子大附属昭和
○品川女子学院※　◎玉川学園高等部
◎渋谷教育学園渋谷※　●早大高等学院

神奈川県

◎横浜国際
◎市立横浜サイエンスフロンティア

◎公文国際学園高等部

千葉県

◎渋谷教育学園幕張

埼玉県

◎筑波大附属坂戸

●県立浦和

2014年度 SGH アソシエイト指定校一覧

東京都

◎東京学芸大附属
◎東京学芸大附属国際中等教育学校※

◎啓明学園　○富士見丘
○東洋英和女学院※

神奈川県

○神奈川学園※　○法政女子

千葉県

◎成田国際　◎市立松戸

◎暁星国際

埼玉県

●立教新座

□は国立、□は公立、□は私立
●は男子校、○は女子校、◎は共学校
※高校募集はありません。

施設・設備

蔵書数万冊の図書館、カフェテリアやプラネタリウムなど、施設・設備の充実度は私立校に軍配があがりますが、国立校・公立校にもそれぞれのよさがあります。

国立校

学芸大附属（東京・共学校）

教室で使われている昔ながらの木製の机とイスからは、歴史が感じられる。

公立校

駒場（東京・共学校）

天井の開閉が可能な温水プールや陸上競技場などの体育施設が充実している。

私立校

中大附属（東京・共学校）

蔵書16万冊を誇り、検索システムも完備。学校図書館の規模を超えた充実度。

学校行事

文化祭や体育祭は、生徒主体で運営する学校が多くあります。高3になると、とくに私立では、国公立に比べて参加する学校行事は少なめになる傾向があります。

国立校

お茶の水女子大附属（東京・女子校）

振り付けや衣装制作も生徒が行う「ダンスコンクール」は、校内最古の行事。

公立校

国立（東京・共学校）

全クラスが出し物で参加。日本一との呼び声も。３年のクラス演劇では涙する人が。

私立校

開成（東京・男子校）

運動会は、ルールブックの制定から当日の審判まで、すべて生徒主体で進行。

部活動

全国大会へ出場する部は私立校に多いのですが、公立校のなかにも奮闘している学校はあり、国立校の理科系部活動には、大学と連携するところもあります。

国立校

筑波大附属（東京・共学校）

ボート部は開成と、サッカー部は県立湘南（神奈川）と、定期戦を行っている。

公立校

県立浦和（埼玉・男子校）

2013年度（平成25年度）にはラグビー部が埼玉県代表として全国大会に出場した。

私立校

桐蔭学園女子部（神奈川・別学校）

ラクロス部は、数々の大会で好成績を残しており、全国優勝も果たしている。

中学生に読んでもらいたい

東大生オススメブックレビュー

人は本を読むことで、知らなかった世界を知ることができます。現役の東大生に、中学生時代に読んで強い印象を受けたり、その後の進路を考えるきっかけになった本について語ってもらいました。

1 「友だち」ってなんだろう？

高田祐莉さん（文科三類2年生）

何気ない発言や行動の1つで人間関係がガラッと変わってしまうことの恐ろしさは、中学生のみなさんならきっとどこかで感じたことがあるのではないでしょうか。

この本のなかで登場人物たちが本当の「友だち」を見つけ直していく姿を目の当たりにして、私も無理をしなくていいんだ、と気持ちが楽になりました。

人間関係でつらくなったとき、「友だちって、なに？」と疑問に思ったとき、ぜひ読んでみてほしい一冊です。

『きみの友だち』

著／重松清　刊行／新潮社　価格／630円＋税

2 考えなければならないことがある人に

山崎晃さん（医学部3年生）

この本をどのようなきっかけで手にとったのかはもう忘れてしまいました。

しかし、中学生で初めて読んだ当時、持っていたさまざまな疑問を考えるヒントをこの本からもらったという感覚は、鮮明に残っています。

必ずしも明確な答えを得ることができるわけではありませんが、「ジンセイ」や「シヨウライ」といったつかみ所のないものを考えなければならないと、ぼんやりと思い始めた人におすすめです。

『14歳からの哲学
考えるための教科書』

著／池田晶子　刊行／トランスビュー　価格／1200円＋税

3 人と人とのつながりの大切さ

松木智世さん（法学部3年）

江戸時代の深川を舞台に、料理屋を営む主人公「つばき」がたくましく生きていく様を描いた作品です。

なんといっても人と人とのつながり（人情）が大変印象的な物語でした。家族のきずなや、ちょっとしたことで生まれる他人との縁を謙虚に受け止め、大切にすることこそが人として真っ当に生きることだと教えられました。そして、主人公をはじめ、端々に感じる登場人物の芯の強さからは、自分もこうありたいと思わされました。

『だいこん』

著／山本一力　刊行／光文社　価格／914円＋税

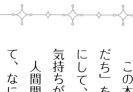

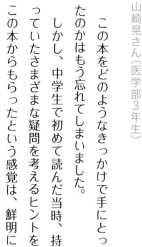

4 「食べること」と「いのち」とのかかわりを知る

杉原裕子さん（文科三類2年）

普段何気なく食べているお肉。スーパーでパックにされて売られている姿しか私たちは知りません。では「お肉になるまで」にどんな過程を経ているのでしょうか？牛や鶏を「お肉」にする場所や仕事があり、携わっている人がいることを知っているでしょうか。

食べることは、「いのち」をいただくこと。食材の真の姿と、「いのち」とかかわっている人々の仕事、そしてなにかを食することの意味を教えてくれる本です。

『いのちの食べ方』

著／森達也　刊行／角川書店　価格／440円＋税

5 批判的思考を教えてくれた本

早矢仕悠太さん（法学部3年）

中3の秋、とある塾の教材としてこの本の一篇に出会いました。

当時の私には彼の文章は難しく、これを問題として読み解くレベルではありませんでした。しかし、私は小林秀雄の、前提から一度すべてをひっくり返したうえで、自らの批判的思考を土台に考えをめぐらせていくスタイルをまるで「創造」行為のように錯覚し、強くひかれました。この本を通して学んだ、批判的思考を忘れない生き方が、いまの私を作っています。

『小林秀雄初期文芸論集』

著／小林秀雄　刊行／岩波書店　価格／900円＋税

6 ものの見方は1つではない

諸星航洋さん（経済学部3年）

ぼくは中3のときに読んだこの小説を通じて、初めて「善悪の規範をだれが決めているのか」ということを考えるようになりました。

法学や経済学などの社会科学を勉強していると、一定の規範のもとに複数の利害関係を整理しなければならない場面に多く直面します。そういった規範や倫理観を形成することの難しさを考えさせられるという点でも、この小説から得たものは大きかったと思っています。

『海と毒薬』

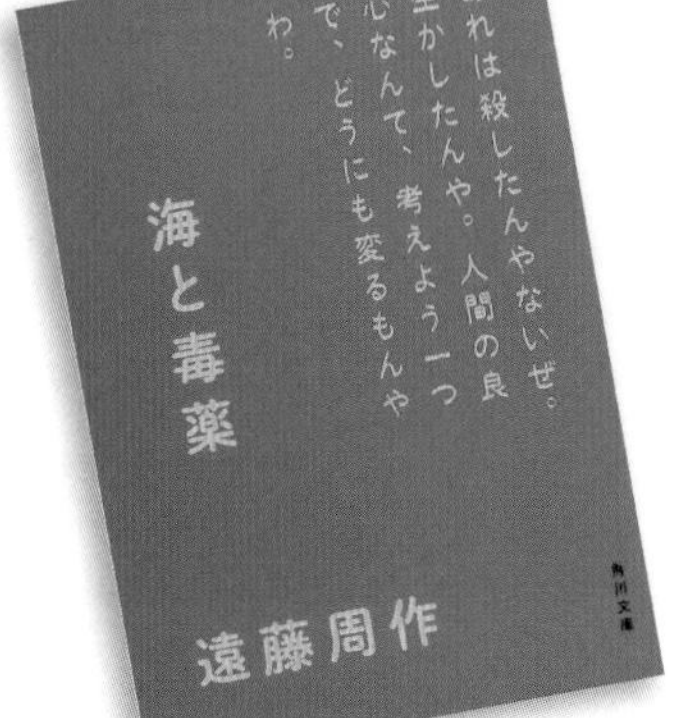

著／遠藤周作　刊行／角川書店　価格／362円＋税

WASEDA JITSUGYO HIGH SCHOOL

早《わ》稲《せ》田《だ》実《じつ》業《ぎょう》学《がっ》校《こう》
高等部

東京都　国分寺市　共学校

『しなやかな強靱さ』を育む早稲田実業伝統の人間教育

創立114年の伝統を持つ早稲田実業学校高等部。早稲田大の系属校という特長を活かした教育が展開され、国分寺キャンパスへ移転した翌年から始まった男女共学校としての実績も積みあげられてきました。社会の中核を担うために不可欠な人間力が育成されている早稲田実業の教育をご紹介します。

藁谷《わらがい》 友紀《ともき》 校長先生

「去華就実」を掲げる伝統ある早稲田大系属校

早稲田実業学校（以下、早稲田実業）は、1901年（明治34年）に社会で活躍する職業人を育成するための実業教育を実践する早稲田実業中学（男子校）として開校されました。創立者は大隈重信です。

2001年（平成13年）に創立100周年を迎え、早稲田の鶴巻町キャンパス（東京都新宿区）から現在地の国分寺（東京都国分寺市）へ移転して14年が経ちました。国分寺新キャンパスに移った翌年から、中等部・高等部で男女共学制がスタートし、同時に初等部（共学制）が開設されました。

校是は「去華就実《きょかしゅうじつ》」で、華美なものを去り、内面の充実を図る、という社会に貢献する実業の精神を表しています。校訓は、早稲田実業の基礎を築かれた天野為之先生（早稲田大学第二代学長）が唱えた「三敬主義」（他を敬し、己を敬し、事物を敬す）と言われるものです。

藁谷友紀校長先生は「校名の『実業』の意義については校是にも示されていますが、『学問の独立』『学問の活用』『模範国民の造就』という大学の建学の精神と軌を一にするものであり、とくに『学問の活用』という精神につながります。学んだ学問を将来社会で活かせる人材の育成をめざしていることの表れと言えます。さらに、こうした本校の姿勢は、現代社会で必要とされる真のグローバル人材を育てていくことにもつながります。真のグローバルな人材は、自分のアイデンティティーをしっかりと持っていることが大切です。外国語を使いこなすだけではグローバルとは言えません。

本校では、地域社会に根ざした教育を行うことで、生徒のアイデンティティーをきちんと作りあげていきます。校名にある『実業』という言葉を胸に刻みながら、社会とかかわる方々への畏敬の念と、我々の学ぶ姿勢を大切にしていきたいと考えているのです」と話されました。

いなほ祭（文化祭）

毎年多くの来場者が訪れる10月のいなほ祭。工夫を凝らした展示や発表が多くの人の感動を呼びます。

高等部の3年間で学問の土台を築く

早稲田実業では、2学期制が実施されています。また、早稲田実業中等部から進級してくる内進生と外部からの新入生とは、1年次からいっしょのクラス編成になります。

「本校は大学受験をめざす進学校とは違う観点からの教育指導を行っています。学習面だけではなく、学校行事や部活動にも盛んに取り組む文武両道が目標です。そのためには、3学期制よりも2学期制の方が時間に余裕が生まれるため、適していると考えています。

クラス編成については、内進生と新入生がそれぞれに持つよさを活かしながら、切磋琢磨できるように混合クラスとしています。

カリキュラムは、1年次は芸術科目以外は共通履修で、2年次からゆるやかに文系・理系に分かれます。しかし本校では、理系を選択しつつ、卒業後は文系学部へ進むことも可能です。数学や理科が好きな生徒が文学部に入って歴史を勉強することもあります。文系を選択していても、数学Ⅲを選択授業で学ぶこともできます。

現代では、文系・理系の区別なく幅広い知識が必要です。例えば、文系でも社会科学の分野などでは数学や自然科学の知識が重要ですし、理系でも人文科学的な知識や素養が求められることが多くあります。本校では、文理分けに強くこだわらず、高等部での3年間でしっかりと学問の土台を築いていきたいと考えています。」（藁谷校長先生）

テストについては、前期・後期ごとに行われる中間試験・期末試験に加え、模擬試験などの外部の試験も導入されています。藁谷校長先生は

「これらのテストの結果を見て、生徒が自分の学力をチェックすることは大事です。基礎学力の定着度も確認できます」と話されました。

早稲田大との連携教育や充実の国際教育も魅力

特色ある取り組みも多い早稲田実業。国際教育の一貫として、2年に1度希望者が参加できる3週間の海外研修（カナダ）が実施されています。夏休み期間が利用され、ホームステイをしながら現地の学校に通います。生の英語と異文化に接する経験から、社会的視野を育むことができます。また、国際教育では「寺岡静治海外交流補助資金」という制度があります。1人で海外で学ぶことを条件としたもので、年間20名近くの生徒が世界各地を訪れ、異文化に触れる機会を得ています。

早稲田大の系属校としての高大連携教育も魅力です。早稲田大の正規授業を2年次、3年次に大学のキャンパスで受講することができる聴講制度は、系属校ならではのプログラム。水曜日は午前中のみの4時間授業なので、午後に大学が設置する特定の科目を受講できる仕組みです。生徒は「グローバルエデュケーションセンター特別聴講生」として登録され、受講科目の試験を経て所定の成績をおさめれば、大学に入学したのちに単位として認定されます。

体育祭

9月に行われる体育祭は、女子も騎馬戦や棒倒しの競技で競いあうパワフルさが魅力です。

そのほか、特色ある学習として「校外教室」があります。2年次に3泊4日の日程でグループ活動によるフィールドワークを実施。普段生活している生活空間とは違う地域の文化・産業・人々の暮らしについて理解を深めることを目的としています。生徒が自ら目的意識を持って行動することで自立心を養成し、さらにグループ活動を通じて協調性も育みます。さまざまな人たちと交流することで、社会性や公共性なども身につけることができる取り組みです。

こうした早稲田実業での学びについて藁谷校長先生は「大学受験の準備に時間を取られることがありませんので、その時間を使って、教養を身につけさせたいと思っています。国際交流での経験や、音楽や文学、そして絵画など一流の芸術に接するなかで、発達段階に応じた感性を磨いてもらいたいのです。それが人間を厚くすると思っています。こうした感性と厚みは、複雑な問題に直面したときに、『解決すべき課題はなにか』『問題の核心部分はどこなのか』を正しく見極めることのできる

『しなやかな強靭さ』を育むのです」と話されました。

毎年ほぼ全員の生徒が早稲田大学に推薦で入学

早稲田実業では、毎年ほぼ全員の生徒が早稲田大に推薦で入学しています。推薦は、生徒の希望する学部、学科と、高等部での成績や人物評価などを総合的に判断したうえで実施されています。

進路指導は、早稲田大の各学部によって説明会が開かれ、大学での学びについて詳しく説明がなされています。多くの情報や親身なサポートが卒業生からも与えられます。生徒は、こうした進路指導の内容を参考にしながら、志望学部を決めていくことができるのです。

最後に、藁谷校長先生に、早稲田実業学校を志望するみなさんへのメッセージを伺いました。

「本校の生徒には、社会で活躍できる『しなやかな強靭さ』を身につけてほしいと考えています。そのため本校には、さまざまな経験を自分の厚みとする積極性や額に汗することを厭《いと》わない努力のできる生徒さんに来ていただきたいですね。また、大前提として、早稲田実業が好きな生徒さんに来てほしいと思います。そして入学後、本校で充実した高校生活を送り、早稲田実業をさらにいっそう好きになってほしいと思っています。」（藁谷校長先生）

武蔵野の大自然が身近にある理想的なキャンパスのもとで、生徒たちが伸びのびとおおらかに育ち、そして早稲田実業の歴史が刻まれ続けていきます。

学校生活

早慶戦応援

学校生活でのさまざまな経験が生徒を育みます。早稲田大の系属校として、高1では早慶戦の応援も体験します。

カナダ海外研修

クラブ活動

入学式

オリエンテーション

授業風景

熱意ある教師陣による密度の濃い授業が生徒の成長をサポートします。

英語

体育

数学

2013年度（平成25年度）早稲田大学推薦入学者内訳

学部名	合格者	学部名	合格者
政治経済学部	60名	文学部	6名
法学部	33名	文化構想学部	12名
基幹理工学部	36名	社会科学部	50名
創造理工学部	25名	人間科学部	3名
先進理工学部	32名	スポーツ科学部	12名
商学部	55名	国際教養学部	15名
教育学部	25名	合計	364名

School Data

所在地　東京都国分寺市本町1-2-1
アクセス　JR中央線・西武線「国分寺駅」徒歩7分
生徒数　男子733名、女子447名
TEL　042-300-2121
URL　http://www.wasedajg.ed.jp/

2学期制　週6日制
月・火・木・金6時限　水・土4時限
50分授業　1学年9～10クラス
1クラス約45名

No.203 School Navi

共学校　神奈川県　横浜市

中央《ちゅうおう》大学《だいがく》附属《ふぞく》横浜《よこはま》高等学校

School Data

所在地	神奈川県横浜市都筑区牛久保東1-14-1
生徒数	男子32名、女子517名
TEL	045-592-0801
URL	http://yokohama-js.chuo-u.ac.jp/
アクセス	横浜市営地下鉄ブルーライン・グリーンライン「センター北駅」徒歩7分

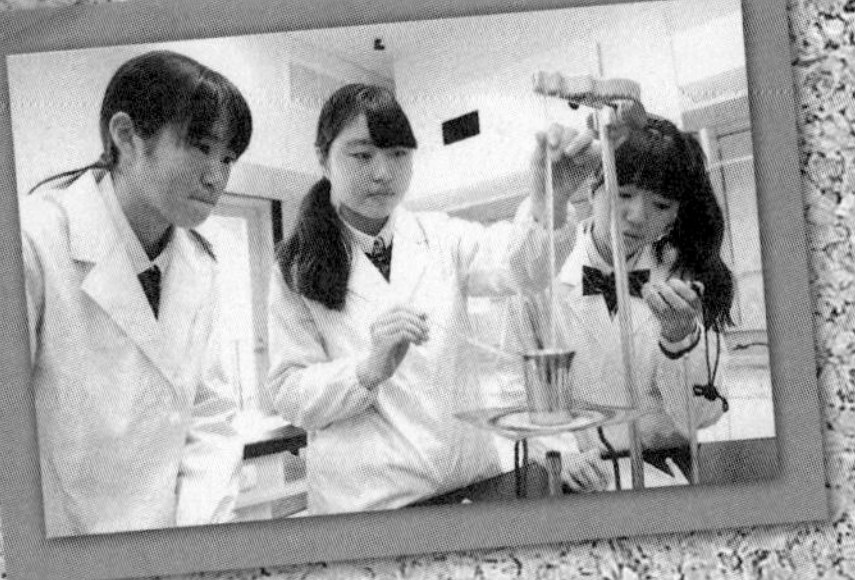

伝統と改革がもたらす充実した教育環境

1908年（明治41年）に設立された横浜女子商業補習学校を始まりとする中央大学附属横浜高等学校（以下、中大横浜）。100年を超える伝統に加え、2010年（平成22年）より中央大の附属校化、2013年（平成25年）に新キャンパスへ移転、2014年（平成26年）に男女共学化と、改革を実行し新たな歴史を刻んでいます。「謙虚に学ぶ姿勢を持った人間を育てる」「人生を肯定的に生き抜くこころを育てる」「知性と行動力を兼ね備えたリーダーを育てる」「努力と挑戦を続ける人間を育てる」の4つを教育方針に掲げています。

国際理解と理数教育を重視 将来につながる力を養う

中大横浜には、附属の中学校から進学してくる生徒と高校から入学する生徒がいます。高1は別々のクラス編成となりますが、高2からは同じクラスで学びます。カリキュラムは、高2の夏までに高校の学習範囲が終わるように組まれており、夏以降はそれまでの復習や応用・発展的な学習に取り組むことで、確かな学力を身につけていきます。

また、高2から文系・理系、高3からは「国公立大学文系コース」「国公立大学理系コース」「私立大学文系コース」「私立大学理系コース」に分かれるコース制が用意されています。

中大横浜の教育の特徴は、国際理解教育と理数教育を重視している点です。国際理解教育では充実した授業で生きた英語を身につけるとともに、カナダへのホームステイ研修などで文化の多様性に触れ視野を広げます。理科・数学では基礎的な力を徹底してつけることで、自ら調べ考える習慣を身につけ、論理的思考力を養います。中大横浜はこれらの教育を通じて、生徒がこれからの国際化社会におけるどのような場面でも、自分自身の能力を存分に発揮できるようになることをめざしているのです。

ほかにも、中央大との高大連携講座やOBを招いた講演会など、大学進学へ向けてモチベーションを高める魅力的なプログラムが用意されています。

中央大へは約60％の生徒が進学し、2018年3月の卒業生からは、卒業生の85％は中央大の各学部へ進学することができます。一方、他大学進学も支援し、国公立大やほかの私立大でも、中央大にはない学部を受験する場合は、中央大への推薦の権利を保持したまま受験に臨むことができます。

このように将来につながる力を養うことができる中央大学附属横浜高等学校。共学化した活気あふれるキャンパスにさらなる注目が集まることでしょう。

No.204 School Navi

共学校 東京都 港区

広尾学園《ひろおがくえん》高等学校

School Data

|所在地| 東京都港区南麻布5-1-14
|生徒数| 男子449名、女子426名
|TEL| 03-3444-7272
|URL| http://www.hiroogakuen.ed.jp/
|アクセス| 地下鉄日比谷線「広尾駅」徒歩1分

多様な分野で活躍できる人間へ

広尾学園高等学校の周辺には多くの大使館があり、国際的な雰囲気が漂っています。そうした環境のなかで、教育理念「自律と共生」のもと、さまざまな分野で活躍することを想定した教育が行われています。

また、2012年（平成24年）には、新校舎建設工事が完了し、9階建ての校舎が誕生しました。本格的な実験機器がそろうサイエンスラボや、蔵書3万冊の図書館などの施設がそろい、ますます魅力が増している学校です。

3コースそれぞれで特色ある教育を実践

広尾学園には本科コース、医進・サイエンスコース、インターナショナルコースの3つのコースが存在します。

本科コースの生徒は、難関大への進学をめざします。高1では文・理をバランスよく学ぶことで基礎学力の定着を図り、高2からは文・理に分かれ、目標進路に向けて学習を進めます。

本科コースでは、毎朝、英単語テスト「V-P・L・T」が実施されています。テストはその日のうちに学習支援センターで分析され、未定着だと判断された単語は、翌日に再度出題されます。こうして各々の進度に合ったテストを繰り返すことで、語彙《ごい》力を強化していきます。

医進・サイエンスコースは、医学部や理系学部をめざす人向けのコースです。理数科目の授業に力が入れられているのはもちろん、英語では英語で書かれた学術論文を読み、国語では医療や科学にかかわる内容をディスカッションするなど、さまざまな教科において、理系に特化した授業が展開されています。サイエンスラボで各々が研究活動に取り組んだり、大学の研究室や医療現場を訪問し、研究者や医師と接することができるのもこのコースの特徴です。

そして、国際的に活躍できる力を養えるのがインターナショナルコースです。

海外で必要とされる力を身につけるために、授業はほぼすべて英語で行われ、プレゼンテーションなども積極的に取り入れられています。また、授業で身につけた力を試すために、スピーチコンテストやディベート大会への参加も積極的に奨励されています。

このように各コースで特色ある教育が展開されているのに加え、希望者を対象とした「土曜特別講座」も開講されています。生徒の興味・関心に幅広く応えるために多彩な講座が用意され、なかには、英検をはじめとする検定対策講座や、発展的な内容を扱う講座もあります。

新しい施設で充実した教育が行われている広尾学園高等学校です。

神奈川県立　共学校

FOCUS ON
公立高校

横《よこ》浜《はま》緑《みどり》ケ《が》丘《おか》高等学校

新たな価値を創造する次世代のリーダーに求められる総合力の育成

田中《たなか》 時義《ときよし》 校長先生

School Data

所在地
神奈川県横浜市中区本牧緑ヶ丘37

アクセス
JR根岸線「山手駅」徒歩13分

TEL
045-621-8641

生徒数
男子374名、女子463名

URL
http://www.y-midorigaoka-h.pen-kanagawa.ed.jp/

- 2学期制　週5日制
- 月～金6時限
- 月・水・木・金7限、火6限
- 45分授業
- 1学年7クラス
- 1クラス40名

特色ある「総合的な学習の時間」での取り組みが魅力の神奈川県立横浜緑ケ丘高等学校。新校舎の竣工によって学習環境が一新されるとともに、学校がめざすものの明確化や、授業時間数の変更、特色検査の導入などが行われており、より魅力的な学校へと進化しています。

苦難に遭いながらも92年の歴史を積み重ねる

横浜の街並みを一望できる小高い丘の上に位置する神奈川県立横浜緑ケ丘高等学校（以下、横浜緑ケ丘）。1923年（大正12年）の開校以来、関東大震災によって廃校の危機を迎えたことや、横浜大空襲の影響で校舎が全焼、さらに米軍によって校地が接収されるなど、その歴史は苦難の連続でした。その後、1948年（昭和23年）の学制改革で神奈川県立横浜第三高等学校と改称、1950年（昭和25年）に現在の校名となり、再スタートを切りました。現在、創立90周年を記念した新校舎の建築などが行われており、2016年度（平成28年度）にすべての工事が完了する予定です。

校訓に掲げられている「三徳一誠」という言葉は、中国の『中庸』という書物から引用したものです。田中時義校長先生は、「三徳とは、『知・仁・勇』を表し、一誠とは『まことをもって貫く』という意味がありますが、これを中高生によりわかりやすく伝えるために昨年、『未来を創る　未来に生きる　未来を拓く』という言葉で表現しました。

未来を『創る』ために幅広い教養と確かな学力を身につけ、未来に『生きる』ために高い規範意識や倫理観、他者への思いやりを大切にし、そして、未来を切り『拓く』力強い意欲を持つ。これは、まさに『知・仁・勇』の持つ意味合いと重なり、『三徳一誠』という校訓に込められた思いを引き継ぎながら新たな指針となったと思います」と話されました。

探求心・向上心をくすぐる授業を展開

横浜緑ケ丘では、1970年（昭和45年）から2学期制を継続する一方で、従来までの1時限50分、6限授業を2014年度（平成26年度）から改め、1時限を45分とし、火曜日以外で7限授業を行っています。

「本校はたんに授業時間数を確保するために2学期制を維持しているのではありません。2学期制は、1年間を前半と後半に分けることができるため、折り返し地点で前半の生活を振り返り、残りの後半をどう過ごすかを見つめ直すことができます。ですから、1年の区切り方としては最適だと考えています。

また、新たな価値を創造できる次世代のリーダーには、幅広い視野を身につけながらも自分の専門性も深められる、つまり、総合力を養える

校舎

南館エントランス

三徳一誠の碑

南館全景

新校舎の建設は、南館の工事は完了し、現在は西館の工事が進められています。工事の際に伐採した樹木を木材として新校舎で再利用したり、「三徳一誠の碑」や記念植樹された梅の木を移植するなど、かつての面影を残しつつも、新たな歴史を刻み始めています。

カリキュラム作りが必要だと感じました」と田中校長先生が語られるように、1・2年生のカリキュラムはほぼ共通履修で、幅広い分野を学べるものです。3年生になると文系向けのI型、理系向けのII型に分かれ、多めに設定された自由選択科目のなかから、各自の進路に沿った科目を

選択していきます。授業時間数を変更することで、このようなカリキュラム編成が可能になったのです。

そして、２０１３年度（平成25年度）に田中校長先生が赴任すると、学力向上進学重点校としてどのような授業を展開すればいいのか、教員間で話しあう場が設けられ、授業を進めるにあたってのテーマが設定されることになりました。

「昨年は『Why do you think so?（あなたはなぜそう考えるのですか）』をテーマにし、思考のプロセスを大切にする授業をめざしました。今年度のテーマは『探求心・向上心をくすぐる』です。『育てる』ではなく、『くすぐる』という表現がポイントです。探究心や向上心というのは、生徒自身の内側から伸びてこなければいけないものですので、先生方はそれをどう引き出してあげられるのかを考えながら授業に取り組んでいました。」（田中校長先生）

課題研究論文に取り組む総合的な学習の時間

横浜緑ケ丘の「総合的な学習の時間」では、3年間を通してさまざまな取り組みが行われています。なかでも特徴的なのが、1・2年生向けに実施されるテーマ別研修、3年生で仕上げる課題研究論文です。

横浜緑ケ丘の教員は芸術文化・国際教養・社会科学・人間科学・環境情報の5つのカテゴリーのどれかに所属しています。そして、毎年7月と8月にカテゴリーに基づいたテーマ別研修を教員1人につき1つ開講します。その数は70以上にものぼり、内容も「鎌倉武士体験」、「狩衣を着よう」、「都市ガスで学ぶエネルギー問題」、「森林づくり体験講座」、「国際社会で活躍する日本人」など多彩です。1・2年生はそのなかから好きな講座を選び、自己の興味・関心を広げるとともに、課題研究のテーマ決定にも役立てていきます。

2年生の後期からは、課題研究論文に向けての取り組みが本格的にスタートします。各自が設定したテーマは5つのカテゴリーのどれかに分類され、そのカテゴリーに所属する教員が担当となって、論文の完成まで指導してくれます。2年生の後期で行うレジュメの作成や中間発表会などを経て、3年生からは４０００字以上の論文を作成していきます。完成した論文を発表する論文報告会という催しも開かれています。

また、全校生徒が毎年ＴＯＥＩＣを受験するのも特徴的です。受験だけではなく、実践的コミュニケーシ

体育祭

体育祭では、棒倒し、大縄跳び、騎馬戦など、さまざまな種目で得点を競います。

緑高祭（文化祭）

緑高祭は毎年６月下旬から７月上旬の時期に、２日間かけて行われています。中庭でのステージや、各クラス、部活動の出しものなど、多彩な企画で盛りあがります。

ョン能力を身につけることの重要性が学べる「ＴＯＥＩＣ講演会」を実施したり、定期テストにもリスニング試験を組み込んだりと、「実社会のなかで役立つ英語の実践力を育成することをめざしています」と田中校長先生は説明されます。

そのほか、学問を探究するおもしろさを体感できる「アカデミックキャラバン」や、各界で活躍するＯＢによる講演会「緑高セミナー」なども行われており、こうした取り組みを通じて、課題研究のテーマ設定のヒントを得る生徒もいるそうです。

新たに始まった特色検査入試

進路指導は「キャリア教育実践プログラム」に基づき、各種進路行事や面談の数々が行われています。そこで重視されるのは、「やりたいことが本当にその大学でできるのか」ということです。これを問いかけながら、自分の将来をしっかりと考えさせる教育がなされています。

そんな横浜緑ケ丘では、２０１４年度（平成26年度）から特色検査入試が導入されました。この検査では、与えられた課題を正確に読み取り、これまでの学習成果を活かして、創意工夫を凝らした課題解決ができるかどうかが問われます。

「本校では、自分で課題を見つけて、それについて考え、自分の言葉で表現できる生徒を求めていますので、そういう面を見ています。

また、今年度の新入生には、入学前の説明会で、自分はなんのためにここへ来たのか、ここでどんなふうに成長していきたいのか、という問いかけを宿題として出しました。入学前に高校生活に対する意欲を明確にしてもらいたかったのです。本校ではさまざまな体験ができるので、その環境を活かして興味のあることに意欲的に取り組んでほしい。そのことが高校生活をかけがえのないものに高めていくと思います。」（田中校長先生）

2014年度（平成26年度）大学合格実績　（）内は既卒

大学名	合格者	大学名	合格者
国公立大学		私立大学	
北海道大	2(1)	早稲田大	69(14)
埼玉大	1(1)	慶應義塾大	28(7)
千葉大	2(0)	上智大	30(1)
お茶の水女子大	2(0)	東京理科大	32(7)
東京大	1(1)	青山学院大	43(4)
東京海洋大	3(1)	中央大	37(6)
東京学芸大	1(0)	法政大	46(14)
東京工大	2(2)	明治大	79(14)
東京農工大	1(1)	立教大	78(9)
横浜国立大	9(0)	学習院大	19(3)
京都大	1(1)	芝浦工大	31(10)
その他国公立大	19(6)	その他私立大	433(82)
計	44(14)	計	925(171)

和田式教育的指導

4月からの新学年に向けて なにを準備すべきなのか チェックしておこう

3学期も終わり、4月からは新しい学年となります。うまくスタートが切れるように、いまから準備をしておくことをおすすめします。中3生は「卒業式を終えたらもう自分は高校生だ」という意識を持ちましょう。中2生は高校受験へ向け、志望校を意識してみましょう。

高校3年間のプランを立てよう

中3生は、いよいよ卒業式を間近に控えた時期となり、中学生活も残りわずかとなりました。

3月号では、受験を終えた中3生に向けて、勉強習慣を維持する大切さをお伝えしました。今月は、新しく始まる高校生活へ向けて準備すべき内容や、心がけることをお話しします。また、新しく来年度から中3生となる現在の中2生へ向けてのアドバイスもお伝えしますので、最後まで読んでください。

中3生は、4月から高校生としての生活がスタートします。まず大切なのは、「これから高校での3年間を自分はどのように過ごすか」について、入学前からよく考えておくことです。

例えば、「高校3年間を大学受験のための準備にあてたい」と思うのなら、「あまり遊ばないで、3年間ちゃんと勉強しよう」、「志望大学を早めに決めて、そこをめざして効率的に勉強できるように工夫しよう」というように、具体的な計画を立てることができます。

また、「絶対入りたいクラブがあってこの高校を受験した」、「文化祭が盛んな高校なので実行委員として頑張りたい」というような目標がある場合は、「クラブ活動と勉強の両立をしっかりできるようにしよう」、「文化祭に熱中したいから早めに勉強計画を立てておこう」など、充実した高校生活を送るための目標

Hideki Wada

和田秀樹

1960年大阪府生まれ。東京大学医学部卒、東京大学医学部附属病院精神神経科助手、アメリカのカールメニンガー精神医学校国際フェローを経て、現在は川崎幸病院精神科顧問、国際医療福祉大学大学院教授、緑鐵受験指導ゼミナール代表を務める。心理学を児童教育、受験教育に活用し、独自の理論と実践で知られる。著書には『和田式　勉強のやる気をつくる本』（学研教育出版）『中学生の正しい勉強法』（瀬谷出版）『難関校に合格する人の共通点』（共著、東京書籍）など多数。初監督作品の映画「受験のシンデレラ」がモナコ国際映画祭グランプリ受賞。

も見出せます。

プランを立てる以外にも、高校生活へ向けてさまざまな方法で準備ができます。もし、自分が入学する高校へ行った、同じ中学校出身の先輩に知りあいがいる場合には、その先輩に高校のことを色々と聞いてみるのもよいでしょう。

高校の勉強はどのようなものなのか、課題の量や教科書が進むスピードなどを事前に聞いておけば、入学してからあまり戸惑うことなく勉強に入ることができるでしょう。

そのほか、学校生活で不安に思っていることなど、質問がある場合は尋ねてみましょう。ちょっとした心がけではありますが、不安も取り除かれ、4月からの新生活がもっともっと楽しみになるはずです。

新中3生は志望校を決めておく

4月から新中3生になる現在の中2生は、中3になってから受験生になるのではなく、春休みのうちから「自分は受験生だ！」という気持ちになっておくことが重要です。

そのためには、まず第1志望の高校を決めましょう。そして志望校が決まったら、その学校の過去問に挑戦してみましょう。

「この学校はこういう傾向の問題が出るのだな」ということがわかれば、これからどう受験勉強に取り組めばよいのかということが具体的に見えてくるはずです。志望校の入試で求められるものはなんなのかを早くから掴んでおくことが大切です。受験は、先手必勝であることを自覚してください。どの学年のみなさんも、春からの新生活を謳歌できることを願っています。

和田先生のお悩み解決アドバイス!!

Question

兄弟と学力を比べられてしまう

Answer

比較は無意味なので気にしないように

「お兄ちゃんと比べてあなたは…」というように、兄弟で学力を比較されることがあります。自分の方が劣っているように言われてしまうと、傷つくこともありますね。

このように学力を比較されるのは、兄弟に限ったことではありませんが、だれと比較されたとしても、気にすることはありません。なぜなら、受験は自分が志望する学校の入学試験に合格できるかどうかです。他人は関係ありません。

よく偏差値で比べられることがありますが、偏差値とは相対順位を表すものであって、あくまでも１つの指標に過ぎません。また、学校の試験や模擬試験で高得点を取っても、志望校の入試問題ができなければ合格できません。つまり、受験勉強は他人と比べても意味がないのです。だれかと自分を比べるという発想から、なるべく早く脱却してください。親御さんにも話してわかってもらいましょう。受験は、自分が合格までにどのように勉強すればいいのかを徹底的に追求することが大事なのです。

教えてマナビー先生！
世界の先端技術

▶マナビー先生
日本の某大学院を卒業後海外で研究者として働いていたが、和食が恋しくなり帰国。しかし科学に関する本を読んでいると食事をすることすら忘れてしまうという、自他ともに認める“科学オタク”。

search マルチコプター

小さなヘリコプターだけれど用途はどんどん広がっている

ヘリコプターを見たことがない人はいないよね。垂直の離着陸ができる飛行物体だ。一般のヘリコプターは大きな回転翼と、回転翼による反作用を抑える尾翼についている回転翼でできている。今回紹介するマルチコプターは、写真のように通常４個以上の回転翼を持つ小さな飛行物体で、ドローンとも呼ばれる。

写真のマルチコプターは１m四方ぐらいの大きさだ。中央下部にカメラなどを搭載できる（©dreamnikon - Fotolia.com）

ラジコンにもヘリコプターはあるけれど、ホバリング（空中のある一点に停止して浮いている状態）操作が難しい。マルチコプターの用途の多くは上空からの空中撮影だ。空中撮影にはホバリング技術が大変重要なんだけど、マルチコプターは上手にやってのける。２つの回転翼でさえ難しいのに、多くの回転翼を持ったマルチコプターはどのように操られているのだろうか。

代表的な４つの回転翼を持ったマルチコプターを見てみよう。

４つの回転翼のうち２つは、時計回りに回ると揚力が発生する回転翼、残りの２つが反時計回りに回ると揚力が発生する回転翼になっている。これは回転によって機体そのものが回転してしまわないように、反動を相殺するためだ。そして、４つのモーターの回転スピードをコントロールすることで、機体を自由に操ることができるんだ。飛ばす人は無線で操縦するのだけれど、ボタンに触っていないときは機体に搭載されたコンピューターが加速度センサーの情報を読み、いまの位置にとどまるようにそれぞれのモーターをコントロールする仕組みになっている。風が吹いて機体が流されそうなときでも自動的に定位置にとどまるようコントロールしてくれる。コンピューターの進歩で、小さなコンピューターでも４つのモーターを瞬時に操作する複雑な処理をすばやくできるようになったんだ。

ホバリングに労力を使わずに飛ばすことができるようになったんだからすごいね。将来は宅配便もマルチコプターで届くかもしれない。

多くの機体ではコンピューターのプログラムは簡単に書き換えられるようになっているので、用途に応じて最適なプログラムを作ることもできる。プログラムは元になっているソースコードが公開されているものも多いので、君たちでもちょっと勉強すればプログラムを改造することができるぞ。

自分で作ったプログラムを使ったマルチコプターを大空に飛ばして、上空から自分の写真を撮るなんて素敵じゃないか。楽しみだね。

※このページは33ページから読んでください。

(1)　$(2\sqrt{8}+\sqrt{6}-\sqrt{2})(\sqrt{18}+\frac{2\sqrt{6}}{3}+\sqrt{\frac{2}{3}})$　を計算しなさい。

(2)　$(6x^2y+2x^2y^3)\div 2xy-x(3-y)^2+6x$　を計算しなさい。　(2015年度)

これらも難関校の基礎レベルの問題だ。豊島岡女子学園の問題と似ているね。さっそく、解いてみよう。(1)だ。

数学の計算問題は、できるだけ式を単純にすることがコツだ。

それで、まずこの2つの(　)のなかをそれぞれ短くすることにしよう。

$2\sqrt{8}+\sqrt{6}-\sqrt{2}$

$=4\sqrt{2}+\sqrt{6}-\sqrt{2}$

$=3\sqrt{2}+\sqrt{6}$

もう1つの方は分数があるので、通分をしなくてはならないね。

$\sqrt{18}+\frac{2\sqrt{6}}{3}+\sqrt{\frac{2}{3}}$

$=(\sqrt{18}\times\frac{\sqrt{3}}{\sqrt{3}})+(\frac{2\sqrt{6}}{3}\times\frac{\sqrt{3}}{\sqrt{3}})+\frac{\sqrt{2}}{\sqrt{3}}$

$=\frac{\sqrt{54}}{\sqrt{3}}+\frac{2\sqrt{18}}{3\sqrt{3}}+\frac{\sqrt{2}}{\sqrt{3}}$

$=\frac{3\sqrt{6}}{\sqrt{3}}+\frac{6\sqrt{2}}{3\sqrt{3}}+\frac{\sqrt{2}}{\sqrt{3}}$

$=\frac{3\sqrt{6}}{\sqrt{3}}+\frac{2\sqrt{2}}{\sqrt{3}}+\frac{\sqrt{2}}{\sqrt{3}}$

$=\frac{3\sqrt{6}+3\sqrt{2}}{\sqrt{3}}$

$=\sqrt{3}\times\sqrt{6}+\sqrt{3}\times\sqrt{2}$

$=3\sqrt{2}+\sqrt{6}$

これで、ずいぶんと簡単になった。

$(2\sqrt{8}+\sqrt{6}-\sqrt{2})(\sqrt{18}+\frac{2\sqrt{6}}{3}+\sqrt{\frac{2}{3}})$

$=(3\sqrt{2}+\sqrt{6})(3\sqrt{2}+\sqrt{6})$

$=(3\sqrt{2}+\sqrt{6})^2$

$=(3\sqrt{2})^2+(2\times3\sqrt{2}\times\sqrt{6})+(\sqrt{6})^2$

$=18+12\sqrt{3}+6$

$=24+12\sqrt{3}$

正解　(1) $24+12\sqrt{3}$

(2)へ進もう。

$(6x^2y+2x^2y^3)\div 2xy-x(3-y)^2+6x$

$=3x+xy^2-x(9-6y+y^2)+6x$

$=3x+xy^2-9x+6xy-xy^2+6x$

$=6xy$

正解　(2) $6xy$

これは、あっさりと解けただろう。豊島岡女子学園の(1)と同じだ。難しそうに見えても、恐れることはまったくない。

今号の教訓は、

①高校入試数学の基礎は計算問題だ。基礎をがっちり固めておくと、学力の伸びが早い。

②数学は出題の仕方があまり変わらない教科だ。志望校の過去問をできるだけ多く解こう。といっても、あせることはない。基礎を固めてからの話だよ。

そして、今月の術法は、

①式の計算問題は、複雑そうに見えても必ず単純に短く縮められる。

②分数はまず通分、根号は$\sqrt{2}$か$\sqrt{3}$に。

③二次方程式の解の公式は完璧に記憶しよう。

では、次号で会おう。

5月号は『入試に出た基礎的な問題』その2・英語編の予定だよ。

編集部より

正尾佐先生へのご要望、ご質問は
ＦＡＸ：03-5939-6014
Ｅメール：success15@g-ap.com

※このページは33ページから読んでください。

根号の計算は中身をできるだけ簡単な数にすると解きやすい。

$\sqrt{32}-2\sqrt{18}+5\sqrt{2}$

$=4\sqrt{2}-6\sqrt{2}+5\sqrt{2}$

$=3\sqrt{2}$

正解 (5) $3\sqrt{2}$

では、最後に(6)だね。これは、二次方程式の解の公式(根の公式)を使えばよい。

まず初めに右辺の数を左辺に移す。

$x^2-2x=3(x-1)$

$x^2-2x-3(x-1)=0$

$x^2-2x-3x+3=0$

$x^2-5x+3=0$

$x=\frac{5\pm\sqrt{5^2-12}}{2}$

$x=\frac{5\pm\sqrt{13}}{2}$

正解 (6) $x=\frac{5\pm\sqrt{13}}{2}$

どうだい、授業で教わることをきちんと理解すれば、すぐに解ける問題ばかりだろう。

それでは、今度は私立の問題を見てみよう。私立も公立の問題と同じだろうか。東京の名門校中でも指折りの女子高、豊島岡女子学園の問題だ。

(1) $\frac{3x-5y}{2}-\frac{4x-7y}{3}$ を計算しなさい。

(2) $\frac{(\sqrt{2}-2)^2}{\sqrt{6}}-\sqrt{\frac{8}{3}}+\frac{4\sqrt{3}}{3}$ を計算しなさい。

(2014年度)

「わっ、難しい！　基礎問題じゃないじゃん！」という声が聞こえるぞ。

確かに通常ならば、基礎とは言いにくい。けれども、私立校はさまざまで、公立校よりも易しい問題を出す学校もあれば、難関校と言われる高校ならこれが基礎レベルなんだね。そういうレベルを志望している人は、こういう問題に挑戦しよう。

まずは(1)だ。分数の問題は通分からだったね。

$\frac{3x-5y}{2}-\frac{4x-7y}{3}$

$=\frac{9x-15y}{6}-\frac{8x-14y}{6}$

$=\frac{9x-15y-(8x-14y)}{6}$

$=\frac{x-y}{6}$

正解 (1) $\frac{x-y}{6}$

ほら、見かけよりもずっと易しいだろう。

(2)はどうかな。分数に根号のからんだ問題だね。これもまず通分から始めよう。といっても、分母はそれぞれ$\sqrt{6}$と$\sqrt{3}$と3、3つともバラバラだ。数学の苦手な人にはややこしいかもしれないので、ここは丁寧に説明するぞ。

まず、$\sqrt{6}$と$\sqrt{3}$と3、この3つの分母をじっくり見つめる。通分というのは、分母を同じ数にすることだから、そのためには、3つの分母に共通する数を見抜くことだ。

$\sqrt{6}=\sqrt{2}\times\sqrt{3}$だ。$3=\sqrt{3}\times\sqrt{3}$だ。ということは、$\sqrt{6}$と$\sqrt{3}$と3に共通するのは$\sqrt{3}$だね。つまり、各分母を$\sqrt{3}$にすればいいのだ。

最初の$\frac{(\sqrt{2}-2)^2}{\sqrt{6}}$はどうだろう。わかりやすくするには、(　)でくくられている$(\sqrt{2}-2)^2$を開いて(カッコをはずして)しまおう。

$(\sqrt{2}-2)^2$

$=\sqrt{2}^2-(2\times\sqrt{2}\times2)+2^2$

$=2-4\sqrt{2}+4$

$=6-4\sqrt{2}$

つまり、$\frac{(\sqrt{2}-2)^2}{\sqrt{6}}=\frac{6-4\sqrt{2}}{\sqrt{6}}$ということになる。これで準備は整った。さあ。通分だ。

$\frac{(\sqrt{2}-2)^2}{\sqrt{6}}-\sqrt{\frac{8}{3}}+\frac{4\sqrt{3}}{3}$

$=\frac{6-4\sqrt{2}}{\sqrt{6}}-\frac{\sqrt{8}}{\sqrt{3}}+\frac{4\sqrt{3}}{3}$

$=(\frac{6-4\sqrt{2}}{\sqrt{6}}\times\frac{\sqrt{2}}{\sqrt{2}})-\frac{2\sqrt{2}}{\sqrt{3}}+(\frac{4\sqrt{3}}{3}\times\frac{\sqrt{3}}{\sqrt{3}})$

$=\frac{6\sqrt{2}-8}{2\sqrt{3}}-\frac{2\sqrt{2}}{\sqrt{3}}+\frac{4}{\sqrt{3}}$

$=\frac{2(3\sqrt{2}-4)}{2\sqrt{3}}-\frac{2\sqrt{2}}{\sqrt{3}}+\frac{4}{\sqrt{3}}$

$=\frac{3\sqrt{2}-4}{\sqrt{3}}-\frac{2\sqrt{2}}{\sqrt{3}}+\frac{4}{\sqrt{3}}$

$=\frac{3\sqrt{2}-4-2\sqrt{2}+4}{\sqrt{3}}$

$=\frac{\sqrt{2}}{\sqrt{3}}$

$=\frac{\sqrt{2}\times\sqrt{3}}{\sqrt{3}\times\sqrt{3}}$

$=\sqrt{\frac{6}{3}}$

正解 (2) $\sqrt{\frac{6}{3}}$

もう1校、今度は埼玉県の代表的な私立校の1つ、入学後は予備校や塾に通わなくても学力がつくことで知られている開智(第1回入試)の問題を見てみよう。

教育評論家 正尾佐の

高校受験指南書

［百の巻］

入試に出た基礎的な問題1

数学

Tasuku Masao

気がついてみたら、この『高校受験指南書』は連載を始めてから100カ月を経ている。100カ月だとたいしたことはないようだが、8年4カ月と言いかえるとちょっとした長さだ。

これを読んでいる君が中2ならば、8年4カ月前は何歳だった？（はい、すぐに暗算、暗算！） そう、小学校に入学する前だよ。

「そんなことはどうでもいいよ、早く本題に入れ！」という声が聞こえてきた。そうだね、では、始めよう。

2月で高校受験は完了し、今号から来年の入試に向けて新たなスタートだ。

まず初めは「入試に出た基礎的な問題」シリーズだ。この原稿を書いている時点（2月15日）で、入手できた最新の入試問題は限られているので、そのなかから2つと昨年度から1つ選んで紹介しよう。

公立高校は首都圏（1都3県）では千葉県の前期試験だけしか行われていないので、それを公立校代表とする。

基礎的な問題は数学では易しい計算問題で、どこの都道府県でも1問目に出題される。千葉県前期はこうだ。

(1)　$(-7)-(-4)$　を計算しなさい。

(2)　$(-4)^2+8\div(-2)$　を計算しなさい。

(3)　$\frac{1}{2}(3a-2b)-(2a-b)$　を計算しなさい。

(4)　等式　$2a-3b=1$　をbについて解きなさい。

(5)　$\sqrt{32}-2\sqrt{18}+5\sqrt{2}$　を計算しなさい。

(6)　二次方程式 $x^2-2x=3(x-1)$　を解きなさい。

（2015年度）

(1)は「やっさしー、ちょーやさしー」だろう。このような平易な問題を最初に出せば、受験生の緊張しきった心がすこしはほぐれるだろう、という親心かもしれないね。

とにかく、(1)と(2)くらいは大抵の人はすぐに答えを出せるだろうね。

「はーい、軽くできちゃった。(1)は-3で、(2)は-12でーす。簡単簡単！」

おやおや、早くもミスをしたね。(1)は、

$(-7)-(-4)=(-7)+4=-3$

でいい。

正解　**(1)　-3**

だが、(2)は-12でいいかな？　正しく計算すると、

$(-4)^2+8\div(-2)=(-4)^2-4=16-4=12$

だよ。慌ててはいけない。

正解　**(2)　12**

それでは、(3)は？

$$\frac{1}{2}(3a-2b)-(2a-b)$$
$$=\frac{(3a-2b)-2(2a-b)}{2}$$
$$=\frac{3a-2b-4a+2b}{2}$$
$$=\frac{3a-4a-2b+2b}{2}$$
$$=-\frac{1}{2}a$$

正解　**(3)　$-\frac{1}{2}a$**

分数の問題だから、最初に通分するのが定石《じょうせき》だね。

では、(4)はどうかな？

「はーい、$b=\frac{2}{3}a-\frac{1}{3}$でーす」

正解　**(4)　$b=\frac{2}{3}a-\frac{1}{3}$**

よろしい。続いて、(5)だ。これは、根号の問題だね。

国語

東大入試突破への現国の習慣

田中コモンの今月の一言!

「本気でやった!」と思えた者だけが、次のステージへと進んで行けるのです

田《た》中《なか》 利《とし》周《かね》先生

早稲田アカデミー教務企画顧問

東京大学文学部卒。東京大学大学院人文科学研究科修士課程修了。文教委員会委員。現国や日本史などの受験参考書の著作も多数。

ことに他なりません。われわれ講師にとっては毎年繰り返されることではあるのですが一つのシーズンの総決算であり、受験生本人にとっては一生に一度の勝負です。受験生の親御さんにとっても「ファミリーイベント」として、家族の歴史に刻まれる重大な一ページとなります。

親御さんからの「合格しました!」という嬉しい報告には「ほっと一息ですね」という素っ気ないともいえる返事しか返さない筆者ですが、「不合格でした…」という報告には話しこむケースも多いのです。あまり表には出てこない受験の裏舞台のお話ですが、エピソードを一つだけ皆さんにお伝えすることで、入試の現実と厳しさを感じとってほしいと思います。残念ながら第一志望の学校には不合格となった生徒のお母様からの相談でした。息子さんに「よく頑張ったのだから、いいじゃない!」という意味の、励ましの言葉をかけたいのだけれども、何て言えばいいのでしょうか? という内容の相談でした。その中で「入試なんて水物(みずもの)なんだから、たまたま運が悪かっただけよ! って、言ってやってもいいですよね?」というお母様のアイデアだけは「それはダメですよ」とアドバイスさせて頂きました。

「入試は水物」という表現はよく耳にします。「水物」というのは「運に左右されやすく、予想が立てにくいもの」という意味の熟語です。確かに「入試問題に何が出題されるのか」によって、誰が

グレーゾーンに照準!
今月のオトナの言い回し
「明暗を分ける」

「明暗」は「めいあん」と読み「明るいことと暗いこと」を意味する熟語になります。「そんなこと知っています!」という声が聞こえてきそうですが、文学史の知識として夏目漱石の『明暗』は覚えておいてくださいよ。漱石最後の作品となった『明暗』ですが、漱石の死によって未完の作品であることも知識のポイントですからね。そうなのです、結末までたどり着かずに終わってしまった、未完成の作品なのです。それでも本屋さんに行けば文庫本で販売されているので、ぜひ手にとって作品の最後のページをのぞいてみてください。「未完」と堂々と書かれていますから!

さて「明暗を分ける」という慣用表現ですが「勝ち負け、成否、良し悪しなどがはっきり決まる」という意味で使われます。今の時期に「明暗を分ける」といえば、入学試験で「合否」の結果が出る

合格するのかという結果が入れ替わるのは間違いないと思います。どんな問題が出題されようとも万全の準備をしてきたのだから何の心配もない！　と心の底から思える受験生なんていませんから。「コレが出たら大丈夫！　アレが出たらどうしよう！」と最後まで不安と戦いながら、入試本番に臨むものです。ですから、たまたま出題された問題に運良く対応できた受験生が合格するだけ、というお母様のお話は、その通りの現実ではあるのです。それでも受験生は、最終最後まで、未だ見ぬ入試問題をイメージしながら、コツコツと準備を積み重ねてきたのです。その努力こそ、手放してはならない受験の成果です。運まかせにしなかった！　ということの方が大事なのです。

そして、そもそも「運が悪い」という言葉自体を使うべきではないのです。「数学が苦手な人」「英語の不得意な人」は努力によって克服されますが「運が悪い人」はどうしようもありませんから（笑）。社会人が最もかかわりたくない人物、それが「運が悪い人」なのです。一緒に仕事もしたくないですし、周りにいてほしくないですよね。息子さんを、そんな人物だと、わざわざ認定することは百害あって一利なし、ですから。

不合格という厳しい結果を、まだやることがある、自分はもっとできるようになる、そのチャンスを与えられたのだと、前向きに受けとめられるように、お母様はこれまでと同じように息子さんを応援して、そして一回り成長した彼をこれまで以上に自慢してあげてほしい、とお伝えさせて頂きました。

慇・懃・無・礼?!
今月のオトナの四字熟語
「三千世界」

「さんぜんせかい」と読みます。漫画のキャラクターが放つ必殺技！　といった趣ですが、仏教の言葉で「広い世界」を意味します。一つの世界を千倍し、また千倍し、さらに千倍したという大きさを表しているのです。入試が一段落する今の時期に、筆者の頭に浮かぶのが「梅三千世界香」という言葉なのです。「うめ、さんぜんせかいに、かんばし」と読みます。禅語と呼ばれる「禅の教えを表現した言葉」なんですよ。この言葉を筆者に教えてくださったのはご近所の禅寺の住職さんです。

「梅は禅宗のお寺では珍重され、必ずと言っていいほど植えられている木なんですよ」と説明してくださいました。花といえば？　桜！　と思い浮かべる人は多いでしょう。入試結果も「サクラサク」といえば合格を意味しています。「ウメカオル」とは言いませんよね。それでも入試と梅を結びつけて筆者が理解するようになったのは、ご住職のおかげです。

「第一の理由は美しい花であり、第二は馥郁（ふくいく）たる香りであり、第三は実を結ぶということであります」これは、なぜお寺に梅が植えられるのか？という問いに対する三つの理由による回答ですが、そこにはそれぞれにこめられた意味があるのです。

梅が咲くのは二月から。このまだ寒さも厳しい時期に、春に花咲く他の植物に先駆けて開花するその姿に、どんなに厳しい環境にあろうとも自らを律し、励まし、元気に生きていく力強さを感じる。まさに入試の厳しさを象徴する「美しい花」だと思いませんか？　そして「馥郁たる香り」というのは「よい香りがただよう様」を表しているのですが、「どうです！　いい香りでしょう！」と、ひけらかしたりするのではなく、「そこはかとなく」香りが感じられるというところが大切なのです。自らの努力をアピールするのではなく、努力している姿が自然と周りに伝わっていく。受験生が校舎にいるだけで下級生の身が引き締まるというのは、そのおかげなんですね。一言も話すことはないのですが、身をもって示すことで、確実に伝わることはあるのです。「香り」の持つ意味とはそういうものだと思いませんか？　さらに「実を結ぶ」というのは「結果を出す」ということ。それは合否の結果という意味ではありません。厳しさに耐え、自らを律し、努力を続ける。そしてそのことを身をもって示し続けたことで、人間としての真の生き方に結びついていく。これこそが本当の意味での受験の結果なのです。

「サクラよりもウメの方が受験にふさわしい」という筆者の意見に賛同していただけるでしょうか？　学問の神様である菅原道真を祀った天満宮には、梅の木が植えられていますよね。これは「飛梅伝説」の故事によるものですが、やはり受験と梅の結びつきを立証？　するものといえるでしょう。筆者の地元である文京区には湯島天満宮があります。毎年二月から「梅祭り」を開催していますよ。今年で第58回を数え、期間中に40万人をこえる人出があるという大きなイベントです。クマモンも登場して賑やかな催し物が繰り広げられています。いえ、なんとなく地元のPRをしてみただけです。皆さんも「梅三千世界香」のごとく、受験を通じて、本当の人間の生き方を目指しましょう！　ついでに湯島の梅祭りも、お待ちしていますよ！

上の表から15通りあるので、その確率は$\frac{15}{36}=\frac{5}{12}$

袋や箱のなかからカードや球を取り出す問題も確認しておきましょう。

問題2

袋の中に0，1，2，3の数字が１つずつ書かれた４個の玉が入っている。この袋から玉を１個取り出して玉に書かれた数字を確認し，それを袋の中にもどしてから，また１個取り出すとき，取り出した２個の玉に書かれていた数字の積が奇数になる確率を求めなさい。

（群馬県・改、2014年度）

＜考え方＞

玉を袋のなかに戻しますから、取り出し方は１回目も２回目も４通りずつあります。

＜解き方＞

２個の玉の取り出し方の総数は、4×4＝16通り

このうち、取り出した２個の玉に書かれていた数字の積が奇数となる場合は、下の表から４通りあるので、その確率は、

$\frac{4}{16}=\frac{1}{4}$

1回目	1		3	
2回目	1	3	1	3

続いては、さいころの出た目によって、立体の辺上を点が移動する問題です。

問題3

右の図のように，点A，B，C，D，E，F，G，Hを頂点とする立方体があり，この頂点上を移動する2点P，Qがある。

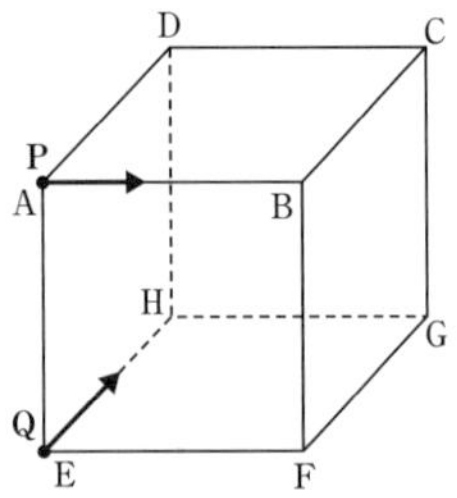

大小2つのさいころを同時に1回投げる。点Pは，点Aを出発点として，大きいさいころの出た目の数だけ，→B→C→D→A→B→Cの順に移動し，点Qは，点Eを出発点として，小さいさいころの出た目の数だけ，H→G→F→E→H→Gの順に移動する。

このとき，直線PQと直線CGが，ねじれの位置にある確率を求めなさい。

ただし，さいころを投げるとき，１から６までのどの目が出ることも同様に確からしいものとする。

（千葉県、2015年度）

＜考え方＞

一方を固定した方が考えやすいので、大の目が１のとき、２のとき、…６のとき、と場合分けして考えましょう。

＜解き方＞

直線PQと直線CGが、ねじれの位置にあるのは

①大の目が１のとき、点PはBにあるから、点QがE、または、Hにあればよい。

⇒点QがEにあるのは小の目が４、Hにあるのは小の目が１または５のときで、３通り。

②大の目が２のとき、点PはCにあるから、点Qがどこにあっても、直線PQと直線CGはねじれの位置にならない。

③大の目が３のとき、点PはDにあるから、点QがE、または、Fにあればよい。

⇒点QがEにあるのは小の目が４、Fにあるのは小の目が３のときで、２通り。

④大の目が４のとき、点PはAにあるから、点QがF、または、Hにあればよい。

⇒点QがFにあるのは小の目が３、Hにあるのは小の目が１または５のときで、３通り。

⑤大の目が５のとき、点PはBにあって①と同じく、３通り。

⑥大の目が６のとき、点PはCにあるから、②と同じく、ねじれの位置になる場合はない。

①～⑥より、計11通りあるので、求める確率は$\frac{11}{36}$

確率の問題では、どのような場合に条件を満たすのかがわかりにくいときもしばしばあります。その意味で、ぜひもう一度自分で解き直してポイントをつかんでほしいと思います。計算が複雑になることはあまりありませんから、色々なタイプの問題に挑戦して解き方のコツをつかみ、確率を得意な分野にしていきましょう。

楽しみmath 数学! DX

確率問題は 書きあげるルールを 決めることが大切

登木 隆司先生
早稲田アカデミー 城北ブロック ブロック長
兼 池袋校校長

新しい学年が始まりますね。このコーナーでは、過去に出題された入試問題を題材にして、数学の基本事項を確認しながら、問題を解く手がかりの見つけ方を解説していきたいと思います。

少しでもみなさんの勉強に役立つようなページにしていくつもりですので、1年間よろしくおつきあいください。

さて、今月は「確率」について学習していきましょう。はじめに、確率の求め方を確認しておきます。

確率の求め方

起こる場合が全部で 通りあり、どれも同様に確からしいとする。
そのうち、ことがらAの起こる場合がa通りであるとき、

ことがらAの起こる確率 $p=\frac{a}{n}$

中学の確率では、樹形図や表を利用してすべての場合を調べあげるのが基本です。けれども、すべてを数えあげると総数がかなり多くなる問題が出題されることもあります。このようなとき樹形図の「枝別れの仕方」が規則的であれば、それを利用して総数を計算で求めることも必要でしょう。ある程度結果を予測しないと、書きあげるのが大変なうえにミスを起こす可能性も多くなるからです。

また、樹形図や表を書くときには、数の小さい順やABC順など、書きあげる順番のルールを決めて、それに基づいて忠実に書きあげることが、もれや重複を防ぐうえでとても大切になります。

それでは、まず、出題される割合が多いさいころの問題から見ていきましょう。

問題1

2つのさいころを同時に投げるとき，出る目の数の積が6の倍数になる確率を求めなさい。 （愛知県・Aグループ、2014年度）

<考え方>

さいころを2回投げる場合、目の出方の総数は6×6＝36通り。条件に当てはまる場合の数は、表を用いて調べていくのが確実でしょう。

<解き方>

<table>
<tr><td>A</td><td>1</td><td colspan="2">2</td><td colspan="3">3</td><td colspan="2">4</td><td>5</td><td colspan="6">6</td></tr>
<tr><td>B</td><td>6</td><td>3</td><td>6</td><td>2</td><td>4</td><td>6</td><td>3</td><td>6</td><td>6</td><td>1</td><td>2</td><td>3</td><td>4</td><td>5</td><td>6</td></tr>
</table>

英語で話そう！

川村 宏一先生
早稲田アカデミー　教務部中学課
上席専門職

朝がちょっぴり苦手な中学３年生のサマンサは、父（マイケル）と母（ローズ）、弟（ダニエル）との４人家族。

居間で本を読んでいるサマンサに、マイケルがなんの本を読んでいるか聞いています。

３月某日

Michael　：What are you reading, now? …①
マイケル：いま、なにを読んでいるんだい？

Samantha：I'm reading an old novel.
サマンサ：昔の小説を読んでいるの。

Michael　：Who wrote it ?
マイケル：だれが書いた小説なのかな？

Samantha：It was written by William Shakespeare. …②
サマンサ：ウィリアム・シェイクスピアによって書かれた小説よ。

Michael　：Oh, it is well-known that he left many good works. …③
マイケル：おお、そうか。シェイクスピアはたくさんのよい作品を残したことで知られているね。

Samantha：That's right.
I think he was a great writer.
サマンサ：そうね。彼は偉大な作家だったと思うわ。

今回学習するフレーズ

解説①　be ～ing	「～をしているところです」 (ex) I am reading a book. 「私は本を読んでいます」
解説②　be＋過去分詞 by～	「～によって…される」 (ex) This toy was broken by Tom. 「このおもちゃはトムによって壊された」
解説③　be well-known	「よく知られている」 (ex) He is well-known to us. 「彼は私たちの間でよく知られている」

Bungou Retsuden

古今文豪列伝

第５回

川《かわ》端《ばた》康《やす》成《なり》

Yasunari Kawabata

川端康成は大正から昭和を代表する作家だ。

１８９９年（明治32年）、大阪市に生まれた。幼いときに両親を病気で失い、姉、祖父も他界して孤独な少年時代を過ごすことになった。大阪府立茨木中学（現大阪府立茨木高）を卒業して上京、第一高等学校（現東京大教養学部）を経て東京帝国大学国文科（現東京大文学部）を卒業した。

在学中の１９２１年（大正10年）、友人らと第６次『新思潮』を創刊。同２号に載せた『招魂祭一景』が文壇におけるデビュー作となった。

この作品が文藝春秋の創設者、菊池寛に認められ、横光利一らを知り、１９２４年（大正13年）には『文芸時代』を創刊、本格的な作家活動に入ったんだ。川端や横光らは、時代のリアリズムに反抗した「新感覚派」と呼ばれる。

１９２６年（大正15年）に『伊豆の踊子』を発表、その後、『禽獣《きんじゅう》』『雪国』を発表し、芥川賞が創設されると最初の選考委員となった。

戦後は『山の音』『千羽鶴』を発表、これらにより芸術院賞を受賞。また、新進作家の発掘にも力を注ぎ、三島由紀夫らを育てたりもしたんだ。

川端の作品は海外でも広く紹介されるようになり、１９５７年（昭和32年）に東京で開かれた国際ペンクラブ東京大会では中心的な役割を果たしている。

１９６０年（昭和35年）からは『新潮』に『眠れる美女』の連載を開始、さらに京都の美しさを舞台に双子の姉妹の数奇な運命を描いた『古都』を発表した。１９６１年（昭和36年）には文化勲章を受章した。

こうした一連の作家活動により、「日本人の心を優れた感受性をもって表現、世界に感銘を与えた」として１９６８年（昭和43年）、日本人初のノーベル文学賞を受賞したんだ。

だけど、１９７２年（昭和47年）４月16日、「散歩に行く」と言って神奈川県鎌倉市の自宅を１人で出て、同県逗子市の仕事場に行き、そこでガス自殺をしてしまったんだ。72歳だった。ノーベル賞作家の突然の死は国内外に大きな衝撃を与えた。

自殺の原因ははっきりとはわかっていないけど、１９７０年（昭和45年）、三島由紀夫が自殺したことにショックを受けたという説や、失恋説もある。一部に事故死説もある。死の翌年、川端康成文学賞が設けられた。

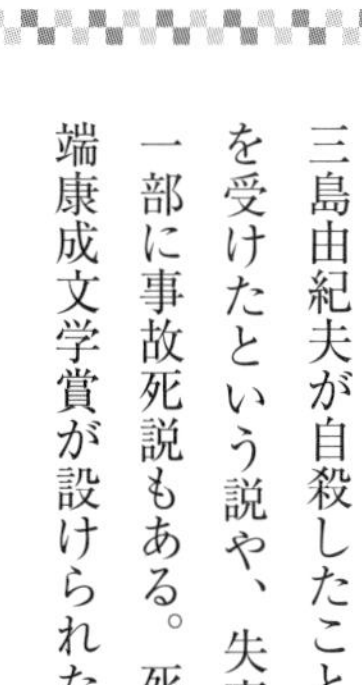

『伊豆の踊子』
362円＋税
新潮文庫

今月の名作　～川端康成　『伊豆の踊子』～

主人公は自分の性格に悩みを持つ20歳の旧制高校生。彼は伊豆に旅行に行き、旅芸人の一座と親しくなる。一座には14歳の少女がいて、少女に淡い恋心を抱く。少女もまた主人公に温かい気持ちを抱くが、4日後には別れることに…。

みんなの数学広場

TEXT BY かずはじめ

数学を子どもたちに、楽しく、わかりやすく、使ってもらえるように日夜研究している。好きな言葉は、"笑う門には福来る"。

初級～上級までの各問題に生徒たちが答えています。
どの生徒が正しい答えを言っているか当ててみよう。
もちろん、当てずっぽうじゃなく、実際に問題を解いてみてね。

問題編

答えは次のページ

上級

以下のお話１～３のうち、いくつが起こりえることでしょうか。

お話１
太郎と花子は同じ年の同じ日に生まれ、パパとママも同じなのに、
２人は双子ではありません。こんなことある？

お話２
１＋１＝２ ではなく １＋１＝ 10。こんなことある？

お話３
あるボールは次のような特別な動き方ができます。
進む→止まる→同じ道を戻る
このボールには特別な仕掛けはありません。こんなことある？

A
答えは・・・
1つ
お話１が起こりえる
B
答えは・・・
2つ
お話３はないでしょ！
C
答えは・・・
3つ
多分３つとも起こるよ。

中級

江戸時代初期の和算書「塵劫《じんこう》記《き》」には、木の高さを日常生活にあるもので測る方法が書いてあります。
さて、なにを使ったのでしょうか。

A
答えは･･･
ロープ
等間隔に結び目を作ってそれを立てたのよ。

B
答えは･･･
木の枝
木の枝をつないで測ったんだ。

C
答えは･･･
鼻紙
鼻紙を折って、それで測ったんだよ！

初級

サッカーボールの面は全部でいくつ？

A
答えは･･･
20
それぐらいだよね？

B
答えは･･･
32
数えました！

C
答えは･･･
48
常識でしょう。

上級

正解は **C**

お話1

双子ではなく、3つ子だったのです（もちろん、4つ子、5つ子もありえます）。

お話2

2進法なら1＋1＝10です。

（参考）

10進法	1	2	3	4	5	…
2進法	1	10	11	100	101	…

お話3

ボールを真上に投げれば、同じ道を戻ってきますよね。

3つとも、すべて固定観念が邪魔をします。ご注意を。

A ×

あとの2つはどうして
違うと思ったの？

B ×

思い込みだね。

C 正解

中級

正解は C

直角二等辺三角形に折った鼻紙に小石の重りをつけて糸を垂らし、直角をはさむ2つの辺が水平と垂直を作るように保ちながら、目の高さにおいて斜辺の延長上に測る木の頂点がくるように移動します。移動ができたら直角二等辺三角形の性質から、木の根元から測定者までの距離をxとおくと、木の高さはx＋地面からの目の高さになります。

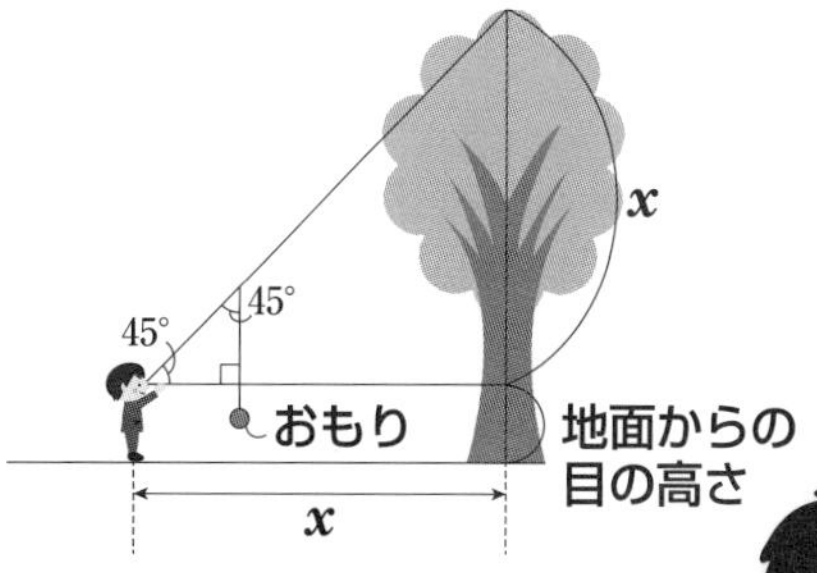

A ×

ロープは立たせられないのでは？

B ×

木の枝という発想はよかったけどね。

C 正解

初級

正解は B

正五角形が 12 枚と正六角形が 20 枚の合計 32 枚です。
数学的には切頂二十面体といいます。

A ×

「それぐらい」ではないよ！

B 正解

C ×

常識なの？

興味のあった分野の勉強やサークル活動に思う存分取り組んでいます

一橋大学

商学部
商学科　2年
中野《なかの》　広美《ひろみ》さん

新プログラムの1期生として活動

——ICUから一橋大に入学し直したそうですね。その理由を教えてください。

「現役当時は学びたい分野を絞りきれず、幅広い分野が学べそうな一橋大の社会学部とICUの教養学部を受験しましたが、第1志望の一橋大に落ちてしまい、ICUに入学しました。ICUで色々な講義を受けるうちに、企業経営やマーケティングについて勉強することがとても楽しいと思うようになり、もっと詳しく学びたいという気持ちが強くなっていきました。ICUでの大学生活も楽しかったので、そのまま残る道もありましたが、より専門的に学べる環境を求めて、一橋大の商学部を受験しました。また、留学に興味があったので、奨学金などのサポート体制が充実している点も魅力的でしたし、やはり一橋大に対する憧れがあったのも再受験の理由です。」

——留学はいつからですか。

「今年の9月から来年の6月までオランダのエラスムス大学へ留学します。ビジネス系の講義が有名な大学なのでそうした講義を中心に受ける

受験勉強時の思い出

生活リズムを崩さない

受験生のときもあまり遅く寝ないようにしていました。夜10時から2時までは成長ホルモンが分泌されて、脳が記憶を整理する時間だということで、12時前には寝ていました。また、食事も3食の間隔は5時間が理想だと聞いたことがあったので、休日も朝きちんと起きて生活リズムが崩れないよう気をつけていました。

大学生活エトセトラ

英語ディベートサークル

ICUにも英語ディベートサークルがあり入りたかったのですが、帰国子女が多く気後れしてしまい、結局入れませんでした。その経験をふまえて一橋大ではやってみようと決意し、入部を決めました。国際大会で決勝に進んだこともあるサークルなんですよ。

サークルでは、まずある議題について、ディベーターが賛成・反対の立場に分かれて互いの意見を主張しあいます。その後、第三者のジャッジがどちらの方がよりよい主張を展開したのか判定します。自分の心情とは関係なく、いかに論理的にジャッジを説得できるかがディベートのポイントです。また、ジャッジも判定理由を説明し、今度はそれをディベーターが審査する、というシステムをとっています。

毎回ランダムにディベーターとジャ

ロマネスク様式の兼松講堂

一橋大の図書館内の様子

予定で、具体的なことはこれから決めます。ヨーロッパは国同士の行き来がしやすいので、周辺の国も訪れようと、いまから楽しみです。」

——商学部の講義はどうですか。

「一橋大のなかでも必修科目が多い学部で、1年次はマーケティング概論や会計学概論、ビジネス英語などの講義で時間割がほぼ埋まりましたが、どれもためになる講義でした。とくにマーケティング概論は、色々な企業のケーススタディを扱いながら、市場分析や企業戦略について学べるおもしろい講義でした。2年次になると学部の必修科目は減る一方、3年に進級するために選択必修という形で、一般教養から理数系を何単位、体育を何単位と必要数受講しなければならず大変でした。こうした講義のほかに、2年次から渋沢スカラープログラム（SSP）という、商学部の学生を対象にした特別なプログラムにも参加していて、この活動がとても充実しています。」

——SSPについて詳しく教えてください。

「始まったばかりのプログラムで、私たちが1期生です。ICUにいるときにこのプログラムが始まることを知って、さらに一橋大に入りたい気持ちが高まりました。面接などを経て選抜されたメンバーは13人で、みんな目標をしっかり持っている人たちばかりなので、いっしょに勉強していて刺激を受けています。

　SSPでは英語で商学や経営学に関する講義を受けたり、大手企業で活躍されている方々にインタビューを行ったりしています。1年次の必修の講義で苦手だと感じた会計学も、SSPのアカウンティング（会計）の講義を受けたことでその奥深さに気づくことができました。インタビューでは、その方の仕事やこれまでのキャリアについてお話を伺います。転職をされている方が多いので、『新しい環境で見つけた新たな自分』という話など、興味深い話がたくさん聞けるのでいい経験になっています。また、私たち学生に対しても、礼儀正しくも気さくに接してくださるので毎回感動しています。」

——今後のことを教えてください。

「貿易関係やコンサルティング関係の仕事に就職できればいいなと考えています。また、日本以外の国の人がどういう生活を送っているのか、どういう文化を持っているのかということに興味があるので、色々な国を積極的に訪れてみたいです。」

受験生へのメッセージ

ッジを決めるのですが、私はジャッジの方が難しく感じています。どちらも本当にすばらしいときがあると、どちらを選べばいいか困ってしまうんです。引き分けという判定はないので、「この発言はこの理論を打ち消したから…」というふうに、1つひとつ細かく内容を見ていって、ディベーターの努力をムダにしないような、責任ある判定を心がけています。

　サークルでの活動は、英語を使うい い機会にもなりますし、論理的思考力も身につきます。社会問題を議題として取りあげることも多いので、色々なことに興味を持つようにもなりましたね。英語が流暢に話せるかどうかよりも、どんな英語でもいいので、とにかく発言することが大切だと思います。

メリハリをつけてみて

　長時間勉強しているとどうしても疲れてきてしまうし、集中力も途切れてしまうので、休むときはしっかり休んで、メリハリをつけて勉強するのがおすすめです。

　休憩から勉強にうまく切り替えられないときは、受験に失敗してしまったときのシチュエーションを想像してみるといいかもしれません。私も合格したあとの楽しい大学生活を想像するより、落ちたときの最悪のケースを想像して、「やらなきゃ！」と自分を奮い立たせていました。

ミステリーハンターQの

歴男歴女養成講座

ミステリーハンターQ（略してMQ）
米テキサス州出身。某有名エジプト学者の弟子。1980年代より気鋭の考古学者として注目されつつあるが本名はだれも知らない。日本の歴史について探る画期的な著書『歴史を掘る』の発刊準備を進めている。

春日 静
中学１年生。カバンのなかにはつねに、読みかけの歴史小説が入っている根っからの歴女。あこがれは坂本龍馬。特技は年号の暗記のための語呂合わせを作ること。好きな芸能人は福山雅治。

山本 勇
中学３年生。幼稚園のころにテレビの大河ドラマを見て、歴史にはまる。将来は大河ドラマに出たいと思っている。あこがれは織田信長。最近のマイブームは仏像鑑賞。好きな芸能人はみうらじゅん。

飛鳥文化

今月号から3号連続で、日本の古代の文化を勉強するよ。今月号は飛鳥《あすか》文化。聖徳太子の時代だ。特徴を言えるかな。

勇　古代の日本には色々な文化があったけど、もう一度ちゃんと勉強して整理してみたいな。

MQ　古代の文化には古墳文化、飛鳥文化、白鳳《はくほう》文化、天平《てんぴょう》文化、平安文化などがある。平安文化はさらに分けられるよ。

今回は飛鳥、白鳳、天平の３つの文化について順番に見てみよう。今月は飛鳥文化だ。

静　飛鳥文化っていつごろの文化なの？

MQ　6世紀から7世紀にかけて聖徳太子の時代を中心とした約1世紀の文化だね。

勇　どんな特徴があるの？

MQ　飛鳥地方などの現在の奈良県北部を中心とした地域にほぼ限定された文化であるということ、仏教を中心とした文化であるということ、大陸や西域の影響を強く受けた文化ということがいえるだろう。

静　仏教っていうと、どんなお寺があるの？

MQ　世界遺産でもある法隆寺が代表的だね。7世紀の初めに聖徳太子によって建立されたとされる。

朝鮮半島を経由して、中国の六朝《りくちょう》文化の影響を強く受けている。法隆寺にはギリシャのエンタシスと呼ばれる中央にふくらみのある柱が使用されており、シルクロードを経由して伝わってきたことがわかるんだ。

勇　それじゃ、彫刻にはどんなものがあるの？

MQ　法隆寺の釈迦三尊像《しゃかさんぞんぞう》や、かつては飛鳥寺で現在は安居院《あんごいん》の釈迦像が有名だ。この釈迦像は飛鳥大仏とも呼ばれ、鞍作鳥《くらつくりのとり》の作とされている。

彫刻以外では、法隆寺の玉虫厨子《たまむしのずし》、中宮寺の天寿国曼荼羅繍帳《てんじゅこくまんだらしゅうちょう》なんかがある。いずれも大陸文化の影響を強く受けているんだ。

静　建物や彫刻以外では？

MQ　聖徳太子の自筆と伝えられている法華義疏《ほっけぎそ》、勝鬘経《しょうまんぎょう》、維摩経《ゆいまきょう》の三経の注釈書である三経義疏《さんぎょうぎそ》があり、日本最古の書物とされてるんだ。

勇　奈良県北部地方以外にはなにもないの？

MQ　大阪の四天王寺は聖徳太子が物部守屋《もののべのもりや》との戦いに勝った記念に建立したとされる。伽藍《がらん》の配置が法隆寺とは異なっているんだ。

また、渡来人の秦河勝《はたのかわかつ》が京都の太《うず》秦《まさ》に建立した広隆寺が有名で、半跏《はんか》思惟像《しゆいぞう》が安置されているよ。

飛鳥文化を基礎として、このあと、日本式の仏教文化が形成されていくんだ。来月は白鳳文化について見てみよう。

あれも日本語 これも日本語

「ネコ」にちなむ慣用句

今回はネコにちなむ慣用句についてみてみよう。

「猫に小判」ってよく聞くよね。小判は高価なものの例え。ネコは小判の価値がわからない。だから、価値がわからない者に貴重なものを与えても反応がないこと。価値のあるものでも、相手によってはなんの役にも立たないことをいうんだ。

「馬の耳に念仏」「豚に真珠」も同じ意味だ。

「猫にかつおぶし」は、ネコの大好物のかつおぶしを、ネコの近くに置くと、すぐに食べられてしまうことから、相手に利益をもたらすような油断ならない状況を招くことだ。

「猫にまたたび」は「猫にかつおぶし」に似ている慣用句だけど、ちょっと意味が違うんだ。またたびとは植物で、ネコはこのにおいが大好き。そこから、好物を与えて効果をあげることをいう。「彼はチョコレートが大好きだから、試合で頑張ったら、チョコレートをあげると言ったら、本当に頑張った。猫にまたたびだ」というように使う。

「猫をかぶる」。ネコは、いつもはおとなしそうにしているよね。だけど、興奮するとどう猛になる。そこから、激しい本性を隠して穏やかそうに見せることをいうんだ。「あいつ、学校では猫をかぶっているけど、外ではケンカっ早いんだ」なんて。いい意味では使わないね。

「借りてきた猫」。ネコはおとなしそうに見えるけど、それがさらに借りてこられると、普段と違っていっそうおとなしくなるという意味だ。「あいつ、みんなの前では威張っているけど、先生の前では借りてきた猫みたいにおとなしかった」なんて感じで使う。

「猫も杓子《しゃくし》も」はだれも彼も、どんなものでも、という意味。「いまは猫も杓子もスマホの時代だ」なんて感じかな。

「猫の手も借りたい」はとても忙しいこと。ネコの手はなんの役にも立ちそうもないけど、それでも借りたいほどとても忙しいという意味だ。

「窮鼠《きゅうそ》、猫を噛《か》む」は弱いネズミでも、追い詰められると自分より強いネコに噛みつくということで、絶体絶命のピンチになると、弱い者でも逆襲するということ。弱い者をいじめるのはいけないね。

サクニュー！ ニュースを入手しろ!!

SUCCESS News

産経新聞編集委員 大野敏明

今月のキーワード

はやぶさ２

昨年12月、宇宙航空研究開発機構（JAXA）は、小惑星探査機「はやぶさ２」を鹿児島県の種子島宇宙センターから打ちあげました。太陽系にある小惑星に着陸、サンプルを採取し、再び地球に帰還させることが目的です。

みなさんは同じ小惑星探査機「はやぶさ」をご存じでしょう。2003年（平成15年）に打ちあげられ、2005年（平成17年）に地球から約60億㎞離れた太陽系の小惑星「イトカワ」に着陸、サンプルを採取して、再び地球をめざしました。サンプルを採取することで、生命の起源などを解明することが目的でした。しかし、「はやぶさ」は通信不能に陥って、一時は行方不明になるなどの多くのトラブルに見舞われました。ところが、技術陣の懸命な努力で乗り越え、2010年（平成22年）6月に無事、地球に帰還しました。この帰還は奇跡ともいわれ、感動の物語は映画にもなりました。

月以外の天体からサンプルを持ち帰ったのは世界で「はやぶさ」が初めてで、日本の宇宙開発技術の高さを証明したことにもなり、世界から大きな賞賛を得ました。

しかし、サンプルが微少であったこともあり、本来の目的を達することはできませんでした。そこで「はやぶさ２」の打ちあげとなったのです。

「はやぶさ２」は、「はやぶさ」が着陸したイトカワと同じ小惑星群にある「1999JU3」をめざします。「はやぶさ」の経験をふまえ、イオンエンジンの能力をアップ、アンテナもパラボラ式から、安定度の高いアレイ式に変更、サンプルを採取するための方法も改良されました。また、「はやぶさ」では着地させられなかった着地探査ローバーも１基から３基に増やしました。重量は「はやぶさ」より約90㎏重い約600㎏です。

↑PHOTO
小惑星探査機「はやぶさ2」を搭載し、打ち上げられるH2Aロケット26号機（2014年12月3日午後1時22分、鹿児島県・種子島宇宙センター）写真：時事

生命の起源については諸説がありますが、有力な説のなかに、有機物を含む隕石が地球に衝突して、その有機物が生命の誕生に影響を与えた、という説があります。この説を裏付けるためには、隕石のもととなる小惑星に有機物があることを証明しなくてはなりません。それを調べようという夢のある計画なのです。

現在、「はやぶさ２」は順調に飛行を続けています。このままいけば2018年に「1999JU3」に着陸し、2020年、東京オリンピック・パラリンピックの年に地球に帰還する予定です。ぜひ成功してほしいものです。

あたまをよくする健康

ナースでありママであり
いつも元気なFUMIYOが
みなさんを元気にします！

by FUMIYO

今月のテーマ

切り傷

ハロー！　Fumiyoです。みんなはプリントを配っていたら、紙の端で手の指先を切っていたという経験をしたことはありますか？　傷口が小さくても、ヒリヒリして痛いし、いっぱい血が出ているようでつい気になってしまうのが切り傷ですよね。

その昔、あわてんぼうの私は、割った食器の片付けをしていたときに、破片でうっかり指を切ってしまい、「血が止まらない！」と夜遅くに救急病院へ行ったことがあります。

あとから考えてみると、出血した量はそんなに多くなかったのに、手を洗った水が赤くなっていて、パニックになってしまったのです。

私のようにパニックを起こさないためにも、切り傷のケアの仕方をマスターして、いざというときに落ち着いて対処できるようにしましょう。

まずは傷が治る仕組みを見ていきます。

①皮膚に傷がつくと、傷口に血を固まらせる血小板が集まり、血液を固めて止血します。

②傷ついて死んでしまった細胞を白血球内の好中球やマクロファージが飲み込み、除去します。

③コラーゲンなどを作り出す線《せん》維《い》芽《が》細胞《さいぼう》が傷口をくっつけます。

④表皮細胞が集まり、傷口をふさぎます。

こうして私たちの身体は、徐々に傷を治していくのですね。

では次に、切り傷ができてしまったときは、実際にどのような処置をすればよいのか説明します。

1　止血をしましょう。

傷口を心臓より高い位置にあげます。足を怪我した場合は、腰かけたり横になれる場所にすぐ移動して、傷口を高くします。そして、傷口を圧迫して止血します。

→もし血がなかなか止まらないときや、傷口が大きい場合、また、傷口の様子がおかしい…という場合はすぐ病院へ行きましょう。傷口が深かったり神経を傷つけているおそれもあります。

2　傷口を水道水で流しましょう。

水が直接傷口に当たらないように注意しながら、汚れを洗い流します。このとき、消毒液を使ってはいけません。

→傷口がとても汚れている場合は、止血と同時に水で傷口の周りを洗い流します。

3　傷口を保護しましょう。

細胞は、乾燥すると死んでしまいます。つまり、傷口を治す細胞も死んでしまうのです。細胞を乾燥させないためにも、傷口を保護しましょう。これは湿潤療法と呼ばれています。

→ドラッグストアに売っている湿潤療法用の保護材を使用しましょう。または、食品用ラップフィルムで傷口を覆い、縁をテープで止める方法もあります。

指に傷ができてしまうと、鉛筆を持つときもなんだか傷口が気になってしまい、勉強に集中できませんよね。切り傷を作ってしまったときは、今回学んだ正しい処置法を実践して、早めに傷を治しましょう。そして、集中して勉強に取り組んでいきましょう！

Q1

傷口は、なぜ消毒液で消毒しない方がよいのでしょうか。

①しみて痛いから　②治りが遅くなるから　③なんとなく

正解は、②の治りが遅くなるからです。
消毒をすると、皮膚表面の傷を治すために大切な細胞も死んでしまいます。傷の大きさや場所によっては、消毒や病院の受診が必要な場合もありますが、まずは水で洗い流しましょう。

Q2

切り傷を作ってしまったとき、傷口がジクジクとした液体が見られることがあります。この液体はなんでしょうか。

①回復に必要な液　②菌と戦ったあとの液　③ばい菌がいっぱいの液

正解は、①の回復に必要な液です。
傷口が膿んでしまったのかと思いがちですが、じつはこの液体のなかに傷を治すために必要な細胞成長因子というものがたくさん含まれています。

バラバラになった合唱部員は心を合わせて合唱できるのか？

◆『くちびるに歌を』
著／中田 永一
刊行／小学館
価格／619円＋税

今月の1冊

『くちびるに歌を』

舞台は長崎県の五島列島。長崎港から西に100㎞ほど離れた、大小合わせて140あまりの島々からなる列島だ。その島々にある、とある中学校の合唱部は、女子部員だけが所属していた。

学年が切り替わるタイミングで、合唱部顧問の松山先生が出産・育児のために1年間の休暇を取ることに。代わりにやってきたのが、松山先生の中学の同級生・柏木先生だった。東京に住んでいたという柏木先生は、美人でスタイルもよく、始業式から生徒たちの注目の的になった。

そして、合唱部の顧問を務める柏木先生を目当てに、これまでいなかった男子生徒が入部してくる。なかには先生目当てじゃない男子生徒もいるけれど、大半はそうで、さらに全員が素人。

彼らの入部によって、毎年夏にあるNHK全国学校音楽コンクール（通称Nコン）をめざす合唱部に、さまざまな事件が巻き起こる。

物語は、女子部員の仲村ナズナと、男子部員の桑原サトルが交互に語り手となって進んでいく。

Nコンでは課題曲と自由曲の2曲を歌わなければならない。そして、女子だけの女声三部合唱と、男子が混ざった混声合唱のどちらかを選ばなければならない。これまでは女声三部合唱だけでよかったのだが、男子部員の入部によって、混声で参加することになったんだ。

初めはそれなりに練習に参加していた男子部員だったけれど、徐々にさぼる人が増えてくると、女子部員との間に溝ができ、少しずつバラバラになっていく合唱部。はたしてこんな状態で、本番ではみんなの心が1つになって合唱することができるのだろうか。

全編を通して、登場人物の多くを占める中学生の感情の揺れがみずみずしく描かれている。Nコンの課題曲のために柏木先生が部員に出した「15年後の自分に手紙を書く」という課題もアクセントになって、最後まで一気に読みきってしまうことだろう。

また、この小説は映画化され、今年の2月から全国で上映されているよ。

なんとなく得した気分になる話

生徒　先生

身の回りにある、知っていると
勉強の役に立つかもしれない知識をお届け!!

分数の割り算

先生！　分数の割り算は、なんで逆数をかけるの？

小学校で習わなかった？

習ったような習わなかったような…。だから、先生に聞いてみた。

そうか。計算のやり方だけしか習わないかもね。さて、どうやって説明しようかなあ。

難しいの？

いや、イメージの問題なんだ。簡単に説明すると…。まず、分数の構造を確認すると、3÷5は$\frac{3}{5}$となる。つまり一般に$a \div b = \frac{a}{b}$と書ける。そもそも、÷の記号は比の記号：と横棒が合わさってできたものなんだよ。ちなみに、分数の横棒は括線（かつせん）というんだ。それもイギリスでできたらしい。

比の記号：の間に分数の横棒の括線が入ったわけ？

そう、正解！　勘がいいね。そうそう、小学校のころに比の値って聞いた事がないかい？

なんか、聞いたことあるかも…。

3：5の値は$\frac{3}{5}$なんだ。つまり$\frac{a}{b} = a \div b$ということなんだよ。

へ～。じゃあ、分数の割り算は？

そう答えを急がずに。ここで、分数の構造が割り算の別な表し方ということがわかったから、それを使ってみよう！　$\frac{3}{5} \div \frac{6}{7}$はどうなる？

割り算の構造だと$a \div b = \frac{a}{b}$だから$\frac{3}{5} \div \frac{6}{7} = \frac{\frac{3}{5}}{\frac{6}{7}}$ってこと？

そうだ。このように、分数のなかに分数が入る事を繁分数（はんぶんすう）っていう。じゃあ、分数の約分は知っているよね？

それぐらい知ってるよ。分母と分子を同じ数で割ることでしょ？

そうだ。じゃあ、その逆の倍分をさっきの分数にしてみると…

倍分？　分母と分子に同じ数をかける？

いいぞ、その調子だ。$\frac{3}{5} \div \frac{6}{7} = \frac{\frac{3}{5}}{\frac{6}{7}} \times \frac{35}{35} = \frac{3 \times 7}{6 \times 5} = \frac{3 \times 7}{5 \times 6} = \frac{3}{5} \times \frac{7}{6}$となる。
この式の左と右だけを並べると…？

書いてみるから待って！　$\frac{3}{5} \div \frac{6}{7} = \frac{3}{5} \times \frac{7}{6}$だ。
あっ！　すごい。$\frac{6}{7}$の逆数の$\frac{7}{6}$をかけてる！

そんなわけで、分数の割り算は逆数をかけることになるわけ。

そういえば先生はさっき、これを簡単に説明するって言ってたけど、ほかの説明もあるの？

あるにはあるけど。聞いてみるかい？

うん、聞いてみたいなあ。難しい？

そうでもないけど、ちょっと頭を使うぞ。まず、$\frac{3}{5}$倍ってどういう意味？

5等分したもののうちの3つぶん。

そうだ。かけながらも分けてるんだよ。そこで問題だ！　分けるの反対は？

合わせる？

大正解！　では、かけ算の反対は？

簡単だよ。割り算。

なにかに気づかないか？　分数をかけたら分けてるわけだから…。

分数を割ることは合わせること！

そうだ！　ということはだ、$\frac{3}{5}$で割ることは、$\frac{3}{5}$倍、つまり5等分したうちの3つぶんを合わせることの逆だから、5つを合わせたものを3等分すること。この語順を変えて、3等分したうちの5つぶんを合わせるから$\frac{5}{3}$倍することと同じわけ。

へ～すごい、わかんないや（笑）。

えっ？　本当に？　だから頭をちょっと使うと言ったじゃないか？

先生の言い方がくどいからわけわかんないんだよ。簡単に言ってよ！　分数の割り算は逆数をかけるって！

それじゃ、なんの説明にもなってないよ…。

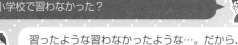

サクセスシネマ

SUCCESS CINEMA vol.62

ロボットに心はあるの？

アイアンジャイアント

1999年／アメリカ
監督：ブラッド・バード

『アイアンジャイアント　スペシャル・エディション』
DVD発売中
1,429円＋税
発売元：ワーナーホームビデオ

少年とロボットの友情アニメ

巨大ロボットと友だちになるという、夢と冒険心が詰まったアニメです。舞台は1957年、ソ連と冷戦中のアメリカの小さな町です。9歳のホーガスは母と2人暮らし。母は仕事が忙しく、1人でいることが多いホーガスは、ある夜、物音に誘われ森のなかへ入っていくと、巨大なロボット「アイアン・ジャイアント」に出会いました。30mもの大きな身体で鉄が大好物という一見凶暴なロボット。しかし、自分がどこから来たのか記憶はなく、無邪気で好奇心旺盛、まるで赤ん坊のようでかわいらしいのです。少ないパーツで作られた単純な顔にもかかわらず、アイアン・ジャイアントの表情からは、喜びや悲しみといった感情が伝わってくるから不思議。2人はすぐに仲良くなり交流を深めていきます。少年とロボットが心を触れあわせる、お互いに成長していく姿は兄弟のようで微笑ましく感じられます。しかし、アイアン・ジャイアントにはある秘密が…！

この作品には反戦というメッセージも込められています。これからの将来を担うみなさんにぜひ見てほしい映画です。

アンドリューNDR114

1999年／アメリカ
監督：クリス・コロンバス

『アンドリューNDR114』
DVD発売中
1,410円＋税
発売・販売元：ソニー・ピクチャーズ エンタテインメント

人間とアンドロイドの違いとは？

「そう遠くない未来のある日」という言葉で始まるこの物語は、人間型ロボットである「アンドロイド」が主人公です。

ある日、両親と姉妹の暮らすマーティン家が家事を手伝うアンドロイドを購入しました。外見は無機質ですが、人間と同じように動き言葉を話すことができます。彼はアンドリューと名づけられ、忠実に仕事をこなし、次第に一家に溶け込んでいきます。すると不思議なことが！なんとアンドリューに本来備わっていないはずの個性や感情が芽生え始めるのです。そして、ついには人間になりたいと考えた彼がとった行動とは…。

人間とアンドロイドの最大の違いとして、この映画では「死」に焦点をあてています。人間は限りある時間を生き、ロボットは永遠を生きる。感情のないロボットであれば、そのことに心の痛みを感じることはないでしょうが、アンドリューは違います。愛する人々が年齢を重ね、死んでいくのを受け止めなければならないのです。その様子は切ないです。アンドリューを通して、私たちの生と死について改めて考えさせられる作品です。

イヴの時間　劇場版

2010年／日本
監督：吉浦康裕

『イヴの時間 劇場版』
Blu-ray発売中
6,800円＋税
発売：アスミック・エース
販売：KADOKAWA

アンドロイドに依存する社会

人間と区別がつかないほど精巧な外見のアンドロイドに家事や子守をさせるなど、便利に使う社会が舞台のアニメ。インターネットで6話に分けて配信されたものを劇場版としてまとめたのが本作。

主人公のリクオは高校生。食事の支度から予定管理まで、アンドロイドに任せきりの生活を送っています。便利にみえる反面、人間的なアンドロイドを家電として非人間的に扱うリクオに違和感を感じてしまいます。しかし、描かれている社会では、アンドロイドへの依存を懸念し、家電と割りきることが決められているのです。あるとき、リクオは「人間とロボットを区別しません」という文句を掲げる喫茶店「イヴの時間」を発見します。なかには普段見せることのない感情を素直に表現するアンドロイドの姿が！

現代社会が掲げる「依存」という問題点をキーワードに、人間の弱さを浮き彫りにしている本作。今後この映画に登場するような感情を持った人間そっくりのアンドロイドが完成する日がきたら、いったいどのような社会になるのでしょう。考えずにはいられません。

高校受験 ここが知りたい Q&A

Q Question
国立大学の附属高校は国立大学に推薦入学できるの?

中2の女子です。志望校を探すために色々な高校を見ているのですが、最近、国立大学の附属高校があることを知りました。国立大の附属なので、その高校に行けば国立大に推薦入学できるのでしょうか。

(三鷹市・中2・SY)

A Answer
入学に関する優先制度はありませんがそのほかの点でメリットはあります。

巻頭特集でもお伝えしましたが、国立大の附属高校は、各校が独自で入学試験を実施し、一定の通学可能圏内に在住している人が受験することができます。なかには志望者が多く、入学が非常に難しい学校もあります。各校とも募集定員がそれほど多いわけではなく、入学試験日程も公立や私立と異なるために、成績上位者の併願が多いことがその理由だと考えられています。

国立大の附属高校の設立主体はそれぞれの国立大で、大学における教育学部などの教員養成課程の教育実践活動の一環として設置されています。つまり、附属高校は教育研究校であり、教育実験校としての側面を有しているのです。

そのため、名称に「附属」とついてはいますが、国立大に入学するにあたっては、附属高校からの推薦入学枠があったり、優先的に入学できたり、という特典はごく一部をのぞいてありません。そうした特典がある私立大の附属高校とは、この点が大きく異なります。

入学に関しての優先制度はありませんが、設立主体が大学ですから、大学の教授が高校の校長先生を兼務していたり、大学と高校が連携して、さまざまな高大連携教育活動を展開しているところもあります。また、大学施設の一部を附属高校生が利用できるメリットもあるため、国立大の附属高校は魅力的な学校であると言えます。

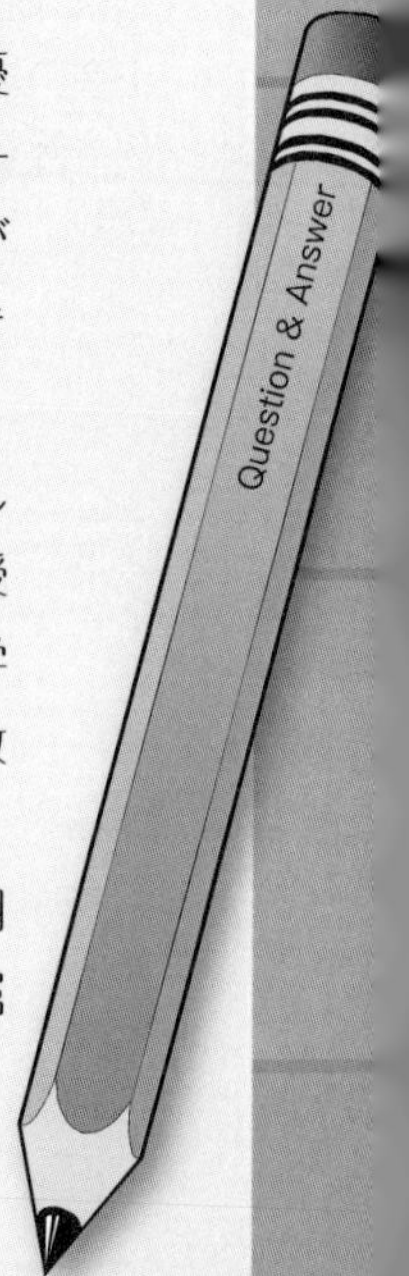

Success Ranking

都道府県の公立・私立高校数ランキング

みんなは、高校が全国にどのくらいあるか知っているかな。国立は15校、公立は3,628校、私立は1,320校だ。中学生のみんなにはさまざまな進路が用意されているんだね。今回のランキングでは都道府県別に公立・私立高校の数を見てみよう。

都道府県別公立高校数

順位	都道府県名	学校数
1	北海道	238
2	東京都	188
3	愛知県	163
4	大阪府	161
5	兵庫県	160
6	神奈川県	157
7	埼玉県	147
8	千葉県	131
9	福岡県	106
10	茨城県	97
10	静岡県	97
12	福島県	93
13	広島県	91
14	新潟県	89
15	長野県	87
16	宮城県	80
17	鹿児島県	73
18	岩手県	68
18	群馬県	68
20	岐阜県	66
21	青森県	65
21	岡山県	65
23	京都府	63
24	栃木県	61
24	山口県	61

都道府県別私立高校数

順位	都道府県名	学校数
1	東京都	237
2	大阪府	95
3	神奈川県	78
4	福岡県	59
5	愛知県	55
6	千葉県	54
7	北海道	52
7	兵庫県	52
9	埼玉県	48
10	静岡県	43
11	京都府	40
12	広島県	36
13	茨城県	24
14	岡山県	23
15	長崎県	22
16	熊本県	21
16	鹿児島県	21
18	山口県	20
19	宮城県	18
19	福島県	18
21	青森県	17
22	新潟県	16
22	奈良県	16
24	山形県ほか4県	15
29	三重県・大分県	14

※「2014年度学校基本調査結果」（文部科学省）を基に作成

受験情報

15歳の考現学
これから高校をめざす君たちが
心にとめておいてほしいこと

私立高校受験
私立高校を選ぶための
基礎知識

公立高校受検
公立高校入試と
学校の近年の変化

高校入試の基礎知識
選ぶのは共学校か
男子校・女子校か

千葉

千葉県公立前期は平均1.81倍

千葉県は、2月12日、13日に実施した2015年度千葉県公立高校前期選抜の受検状況を発表した。全日制の受検倍率は平均1.81倍で、最も受検倍率が高かったのは、**県立船橋**（理数科）の3.79倍だった。前期選抜は全日制の課程の全128校208学科で実施。募集人員2万1728人に対し、志願者3万9500人、欠席者190人、受検者3万9310人で。欠席の多かった学校は、**千葉東**11人、**県立船橋**11人、**県立千葉**8人だった。

受検倍率（受検者数／予定人員）が高かったのは、**県立船橋**理数科に続いて同普通科3.23倍、**東葛飾**3.02倍、**市立千葉**（理数科）3.13倍、**市立稲毛**（国際教養科）2.87倍、**千葉東**2.84倍、**県立千葉**2.76倍、**小金**2.7倍、**国府台**2.65倍、**国分**2.65倍。

なお、後期選抜は3月2日に実施された。

神奈川

神奈川県公立高校入試は平均1.19倍

神奈川県は、2月16日に実施した2015年度公立高校入試の受検状況を発表した。全日制の受検倍率は平均1.19倍で、最も受検倍率が高かったのは、**横浜翠嵐**（普通科）1.82倍だった。

共通選抜は、全日制153校（県立139校、市立14校）で実施。募集人員4万2461人に対し、受検者数5万620人で、受検倍率1.19倍。受検倍率は前年度と同じだった。

受検倍率が最も高かったのは、**横浜翠嵐**（普通科）に続いて**市立横浜商業**（国際学科）1.8倍、**湘南**（普通科）の1.78倍など。

一方、共通選抜募集人員に満たなかった学校は、**磯子**（普通科グローバルコミュニケーションコース）0.74倍、**市立川崎総合科学**（総合電気科）0.82倍など15校（県立13校、市立2校）だった。

神奈川県の公立高校入試は、2013年度より、それまでの「前期選抜」「後期選抜」を一体化して「共通選抜」となり、受検者全員が学力検査と面接を受ける1回の選抜機会になっている。

15歳の考現学

これから高校をめざす君たちが心にとめておいてほしいこと

森上《もりがみ》 展安《のぶやす》

森上教育研究所所長。1953年、岡山県生まれ。早稲田大学卒業。進学塾経営などを経て、1987年に「森上教育研究所」を設立。「受験」をキーワードに幅広く教育問題を扱う。近著に『教育時論』（英潮社）や『入りやすくてお得な学校』『中学受験図鑑』（ともにダイヤモンド社）などがある。教育相談、講演会も実施している。
HP:http://www.morigami.co.jp
Email:morigami@pp.iij4u.or.jp

公立の難関高校受検状況がさらに厳しくなっている

高校受験とりわけ公立高校もトップクラスとなると、応募倍率が**日比谷**男子は3・3倍近くもあって、昨年（3・0倍）より高く激しい倍率です。女子も2・46倍と結構高いのですね。また、**戸山**は男女合わせ2・6倍（昨年2・3倍）。

しかし、**西**は、1・9倍（昨年2・3倍）を切っています。**国立**でも2・0倍（昨年1・7倍）となっており、東高西低です。

神奈川の県立でみても**横浜翠嵐**2・0倍（昨年2・2倍）、**湘南**で1・8倍（昨年1・6倍）で、せいぜい2倍。つまり**日比谷**、**戸山**の厳しさは特別なのです（文中の応募倍率は締切の関係で2月初旬までの数字で最終応募倍率ではありません）。

倍率だけみても都立名門が「復活」という言葉を越えて名実ともに難関となってきたことがわかります。

現に何年も前から公立トップ高校に合格すれば、早慶附属に合格してもそちらを振って公立トップ高校に進学する、という流れができているとかで、**日比谷**、**戸山**のこの倍率をみれば、こうした流れがいっそう激しくなっているのだろうと思います。**都立国際**などは4・8倍！ すごいですね。

これには、学習指導要領が脱「ゆとり教育」に舵をきって学力重視に変わったことや、リーマンショック以来の不況と、ここにきての消費税不況による公立志向ということもあるでしょう。

もちろん、都立高校自体の大学進学実績の復調も大いに寄与していることでしょう。

しかし、受験生にとって最も心しなければならないことは、やはり、難関化したぶんだけ、学力が問われる、ということです。

率直に言って、公立高校入試問題は、いわば定番の問題で、そう難しいとは言いにくかったのですが、ここにきて、そうとは言えなくなっています。

一方で、高校受験生の学力が相応に上昇しているか、というと、必ずしもそうとは言えない、という事情もあります。

というのも、公立中高一貫校が、中学生から受け入れていて、その生徒のぶんだけ都立高校に入る受験生が少なくなっています。

そのぶん、高校受験生の一定のレ

ベル維持ができなくなっているのではないか、とも思います。

もちろん、これは高校受け入れ側にとって、合格後の指導をそれだけ丁寧にやらなくてはいけなくなっている、ということですから、受験生の問題ではありません。

とはいえ、じつはそこは、受験生にとって一番大切なことですね。高校の教育はどうなっていくか、ということですから。

これも、じつは大問題が1つ。

というのも、高校の先生のなり手が十分ではないのです。

これは、新聞社に入社する人が、東大をはじめとする最高学府の最難関大学出身者が少なくなっている、という最近の事情と同じ問題をはらんでいます。

教育というのは生徒と教師とのピア効果といって、いわば相乗効果の面があります。どちらか一方だけすばらしくても響きあうものがなければそれは教育効果としてはあまり果実を生みません。

イギリスには社会階層が厳然としてあるので、そういった面も影響していると思いますが、教師の社会的威信が高く、教師のなり手として優秀な人材に事欠かないようです。

しかし、わが国においての教員の威信は、かつてほど高くないのが実情です。これが、教員の募集に大きな障壁となっているのです。

これからの君たちに必要な 学ぶ環境を自ら選び取る姿勢

学ぶ場所は、学校だけではありません。学ぼうとすれば、社会のなかにはさまざまな場所があります。

学校の先生の質が仮に以前ほどではなくなる可能性があったとしても、広く社会に学習の場を求めればよいとも言えますが、そうはいっても1日のなかで一番長い時間を過ごすのが学校ですから、指導者が優れていることにこしたことはありません。

いよいよこれから高校受験を考えようというのに、こんな冷水を浴びせるようなことを言うのは、本当を言えば残念なことです。

しかし、少なくとも以前より高校受験生の学力も不足気味だし、先生方の指導する力量も下がり気味だ、ということは、冷徹な事実として認識した方がよいように思います。

そのかわり、学校だけに頼らず、塾やあるいは社会的な機関と協働する機会を増やして、自身の力量を鍛えるように心がけていくことが大切ではないか、と思っています。

そうしないと、周囲のレベルが落ちたから自分のレベルも落ちる、ということになりかねません。

周囲はどうあれ、自身のプライドにかけてより上質の、よりよい学びを追求することは、とくに若い人にとって大事なことです。

それは、たまたま受験生というケースではより難しい学校を受けようとすることになるかもしれませんが、それを決めるのは、だれでもありませんね。自分自身です。

例えばスポーツでもそうではありませんか。部活動ではレベルが必ずしも高くないケースは、少子化の日本ではこれからますます増えることが考えられます。

となれば、部活動では十分ではないので、クラブチームで頑張る、ということが選択肢として当然出てきます。

つねに与えられた環境でベストを尽くすことは大切ですが、その環境は変えていけるところは変えていくとよいと思います。

先ほど、**都立国際**の人気にふれましたが、キャンパスでは英語、中国語、韓国語がとびかっているのが**都立国際**のいわば強みです。日常的にさまざまな国で育った生徒が交流しているのは、それだけで強みといえます。

であれば、中学3年間のうちに英検2級程度の力をつけて、**都立国際**に入ればこの学校の強みを自身の強みに転化できるでしょう。

そうと決めれば英検2級をしっかりとることを目標にして、それにふさわしい学びを自身に課することが必要になります。

じつは高校の教育課程はこうした特化した学びができるところがいくつかあります。

「なりたい自分になる」というスローガンのような言葉がありますが、自分自身に最もふさわしい自分になる、ということがおそらく最もよい目標設定だと、筆者は考えています。

自分のよさをよく知って、そのよさを最も引き出せる環境に身を置こう、と心がけたいものです。

いままで自分の知っている世界は、じつは大変狭い世界だ、ということに気づくことが必要です。

じつはもっと広く、よい環境はこの世界には探せばあるのです。まずは高校でそれを探す。場合によっては海外の高校だってよいのです。「現状」というのは乗り越えるためにあるのです。

私立高校を選ぶための基礎知識

このコーナーでは、おもに首都圏の私立高校をめざす受験生のための基礎知識や最新情報をお届けしています。今回は、中学校の学年が進む時期にあたって、志望校を考え始めるときに注意してほしいポイントについてお話しします。みなさんは、すでに志望校について考えていますか。

志望校を考え始めるのは いつからがよいか

春になりました。いよいよ学年が1つ進みます。

いま進学塾に通っていたり、冬期講習に行ってみた中1のみなさんは、塾の先生から次のようなお話をされて、「えっ、ちょっと困った」「中学に入ったばかりなのに〜」と、焦ったりしていませんか。

「遅くとも中2のスタート時には、目標とする高校を定めることが大切です」「だから中1の間に志望校を決めなさい」……。

確かに中1の1年間が終わるまでに「行きたい高校」を決め、その学校に焦点を絞って勉強を始めることは、高校受験の重要なポイントではあります。

進学塾の先生がそう言われる理由はあとで触れますが、実際には、中1の多くが、また、これから中3になろうとする中2であっても、その多くが志望する学校は漠然としているのが現実です。

ただ、「受験なんて、まだまだ先のこと」と考えていても、受験はあっという間に迫ってくるのも確かです。

「行きたい高校がなかなか決まらない…」とか、「いまの成績で、希望の高校には届かない…」と言っている人はまだマシです。そんな人は、本人は行きたい学校を探して迷っているからです。

そのほかの多くの生徒は、「高校には行きたいけど、どうやって学校を選んだらよいかわからない…」というところで立ち止まっています。

今回は、そんなみなさんに少しでもお役に立てたらと考えて、このコーナーを作りました。

学習面、学校行事、部活動 大切なのは中学校2年生

さきほど、中1の1年間が終わるまでに「行きたい高校」に焦点を絞ることが重要なポイントだと書きました。

その理由の1つとして、中学校生活のなかでは、中2の間の学習内容が最も大切だということがあげられます。そんな大切な中2の1年間をどう過ごすかが、高校受験に大きく影響してくるからです。

じつは、この1年間はとても内容の濃い、充実した時間となります。学習を二の次に、さまざまなことに打ち込んでも、それなりに充実感を

憶え、「中学校生活、楽しかったなぁ」と振り返ることもできます。

しかし、そんな1年間にも高校受験は1日1日迫ってきます。そこに志望校があり、高校受験をイメージしながら行う生活と、そうではない場合では、学習に対するモチベーションもずいぶん違ってきます。

部活動や行事などに、学校のリーダーとして取り組むようになるのも中2です。それが充実感にもつながるのですが、学習を忘れてはいけません。

学校行事・部活動と、学習とのバランスを考えながら取り組むことができるかどうかが、受験にとって大切で、そのような重要な時期に入ってくる前に、志望校をイメージしておいてほしいというのが、塾の先生たちの思いなのです。

また、実際に受験を終えてみると、「もっと早くから準備しておけばよかった」という声が、多くの受験生から聞かれます。

ここで言う「準備」とは、受験勉強の学習面だけではありません。行きたい高校のことや、そのほかの学校の情報、入試システムのことなど、もっと早く、もっと多く知っておけばよかったという反省なのです。

また、志望した学校に進学できたはずなのに、「この学校のことを、もっとよく知っておけばよかった。学校を理解していなかったために、入学してからミスマッチに気づいた」という場合さえあります。

高校入試制度は各都県によってまったく違い、近年、公立高校も含めて目まぐるしく改編されてきたことも、情報が伝わりにくくなっている原因といえます。

このこともあって、中学校の先生方から与えられる受験情報も断片的なものにならざるをえません。

内申書と学力試験の比率、○○高校に合格するには何点くらい必要なのか、推薦基準はどれぐらい、といった基本的な情報は、先生方も教えてくれますが、それは受験ガイドにも載っていることです。

もっと知りたい、実際にどのような学校なのか、という質問には、「昔はこうだった」という答えしかもらえないことさえあります。

また、首都圏には多くの高校があるため、「志望校に迷い、どうやって決めたらよいかわからない」という悩みもよく聞きます。

そんな現状のなかで、高校を選択していくことは、受験生本人にとっても保護者にとっても一大事です。高校受験段階での志望校選びは、高校3年間の充実度にとどまらず、その後の本人の進路、人生にまで大きな影響を与えます。

私立校は国立校や公立校と大きな違いがある

前号（3月号）の『高校入試の基礎知識』で学校選択について、全般的なポイントをまとめていますので、ここでは、志望校選びのポイントを、私立高校の場合でみてみます。

その前に確認しておきたいことが1つあります。

国立高校や公立高校と私立高校の入試について、大きな違いはなにか、ということです。

一般入試に関して、国立高校や公立高校では、受験の際の評価時には中学校の教科成績（内申点）と入試当日の学力検査で合否が決まります。

極端にいえば、髪を染めていようが、態度が悪かろうが、筆記試験の点数がよければ入学できる、と言っても過言ではありません。

ところが、私立学校は国公立の学校とは違い、入試の合格・不合格を学力成績だけで決めなくともよいのです。

私立高校は、その建学の精神に則って、その学校で学問を続けるうえで能力があると認めれば、その受験生を学校の仲間として迎えます。つまり、学力試験の点数ではもう1つの受験生でも、学校が認める1つの能力に優れた受験生であれば進学できるということです。

そこが公立高校との大きな違いですから、私立高校を選びとる場合には、公立高校よりも、その学校のことをよく知っておく必要がある、というわけです。

まず、自分が通える範囲に、どのような高校があるのかを調べることがスタートです。

各校について、ホームページや学校説明会への参加、学校見学などを通じて、自分にマッチするかどうかを確かめながらさらに絞っていきましょう。

そうして志望校が見えてくれば、その高校に合格するために必要な内申（中学校の成績）、学力（模擬試験の偏差値など）を目標値として、これからの学習を組み立てていくことができます。

その目標値は、現状の成績よりも高めの高校（偏差値）に焦点を絞ることが肝要です。

公立 CLOSE UP

公立高校入試と学校の近年の変化

安田教育研究所 代表 **安田 理**

首都圏では、ここ数年で公立高校の入試が大きく変わりました。どんな点が変わったのでしょうか。また、入試制度だけではなく公立高校自体も色々な点で変わっています。

この号ではそうした変化のポイントを見ていきましょう。

学区の撤廃・緩和が進む

保護者が高校受験をされたころには公立高校の普通科にはどの都県でも通学区域の指定があったものです。しかし、学校選択の自由化ということで2003年以降急速に撤廃ないし緩和（学区の数を減らすことで選択できる学校数を増やす）されだしています。

首都圏で学区が残っているのは千葉県だけです。首都圏の動きを取り出すと、次のようになっています。

・都県　学区撤廃の年度
東京都　2003年
神奈川県　2005年
千葉県　2001年　12学区から9学区に
埼玉県　2004年

このように、住んでいる都県内ならどの高校でも受検できるようになると、交通の便のよい学校、大学進学実績の高い学校に人気が集まるようになってきて、どの都県でもトップ校ほど倍率も高く、厳しい入試がめだつようになってきています。

そうしたことから、トップ校と2番手校の開きが拡大するようになったほか、4番手校、5番手校になるとそもそもお手本になるような生徒がいないので、学校行事も先生が段取りしなければ運営できないようなケースも生まれています。

推薦入試が減少

公立高校の入試といえば、受検機会の複数化ということで、多くの都道府県で**「推薦入試」**と**「一般入試」**の2つが行われていました。ところがこの大原則はここへきて全国的に崩れてきています。

首都圏でも「推薦入試」があるのはいまでは東京都だけです。

・推薦入試

○中学校長の推薦がいらない入試が広がる（推薦がいらないのであるから、名称も「前期選抜」、「前期募集」、「特色化選抜」など、県によって色々）。

○調査書の成績（つまり中学校での平常点）と面接・作文で選考していたものが、**「適性検査」も課す県が出てきた。**

○調査書の評価が「相対評価」から**「絶対評価」**に変わったことで、中学校でつけられる評定の差が拡大。唯一「相対評価」であった大阪府も2016年度から「絶対評価」に。

「相対評価」になってから、中学校でつけられる成績が全体的に甘くなっていることもあり、高校側に調査書への不信感が生まれています。そのため、推薦入試の大原則であった「中学校長の推薦」「調査書の成績による選抜」が崩れてきて、面接、集団討論、自己表現、作文、小論文、適性検査、学校独自問題による検査など、学校ごとにさまざまな方法で受検生の力を見る選抜を行うようになってきています。

推薦入試はそもそもが学力検査では測れない多様な学力の生徒を入学させる目的で始まりました。それが、推薦入試でも一般入試でも実際に合格する生徒は変わらないということが問題になりました。それでは推薦入試を行う意味がないということです。推薦入試の減少を受けて、入試自体を1回にする県も出てきています。首都圏では埼玉県、神奈川県ではすでに一本化されました。

こうした変化の背景には、中学校の3学期の授業をきちんと成立させ、全員に学力検査を課すことで、しっかり勉強させる方向に変えていこうという意志があるのです。

神奈川県 2013年度から入試を一本化

一本化によってどう変わったのか、神奈川県を例にとって、少し詳しく見ていきましょう（**表1**）。

「特色検査」のなかの「自己表現検査」というのは、与えられた課題について制限時間内で自分の考えをまとめ表現するものです。形式としては、小論文形式やスピーチ、グループ討論などがあります。

公立高校入試はこのところ学力重視になっていると言われますが、まだ調査書点が4割以上を占める学校が大半です。

驚くのは全員に面接、しかも1000点満点中最低でも200点という比重です。

表1　神奈川県公立高校入試のおもな変更点

○選抜機会の一本化
・2012年度までは前期選抜と後期選抜の２回だったものが１回に。 ・学力検査日は後期選抜の時期に近い２月15日から。
○学力検査の共通化～消える学校独自問題
・学力向上進学重点校を中心に11校で導入されていた学校独自問題はなくなり、全校共通問題に。 ・各科50点満点が各科100点満点に。
○調査書＋学力検査＋面接と特色検査で選抜へ
・調査書・学力検査・面接の項目を100点満点に換算したあと、項目ごとに各校が２倍から６倍し、合計点1000点満点で合計数値を算出する。項目の倍率は各校で異なる。 ・高校によっては学科等の特色に応じた「特色検査」を実施。特色検査の結果も100点満点に換算後、他の項目と同様に数倍した数値を加える。検査内容は「実技」か「自己表現」。 ・面接も点数化。出願時には「面接シート」を提出。

東京都 2016年度入試から一般入試を変更

東京都は2013年度の「推薦入試」に続いて、来年春に迫った2016年度入試で「一般入試」を大きく変えます。「複雑化し、受検者、保護者、中学校にとってわかりにくい」現行の制度から、「共通化・簡素化を図り受検者にとってわかりやすい制度」へ改善するために、推薦選抜を含めて選抜の狙いを明確に掲げています（次ページ**図1**）。

おもな変更点を整理してみましょう。

①学力検査の科目数を、全日制一次（分割前期）では全校で5教科、二次（分割後期）では3教科とする。

②学力対内申の比率を前者で7対3、後者で

6対4に統一。
③これまで1・3倍（ないし1・2倍）していた実技4教科の評定を、一律2倍とする（換算内申の最高点は51点から65点に）。
④特別選考は全校で廃止する。
⑤傾斜配点は、（コース制の英語など）特別な教育課程を実施している学校について例外的に実施するほかは廃止する。
⑥分割募集は継続する。

一方、47都道府県で唯一、東京都だけが続けている普通科の男女別定員制については、さまざまな意見があり、継続して検討することになりました。

以上のように、公立高校入試は近年大きく変化していますし、これからも東京都の一般入試のように大きな変更がある県があります。

自分の都県の入試情報には関心を持って、十分注意しておく必要があるでしょう。

【図1】東京都立高校の入学者選抜の狙い

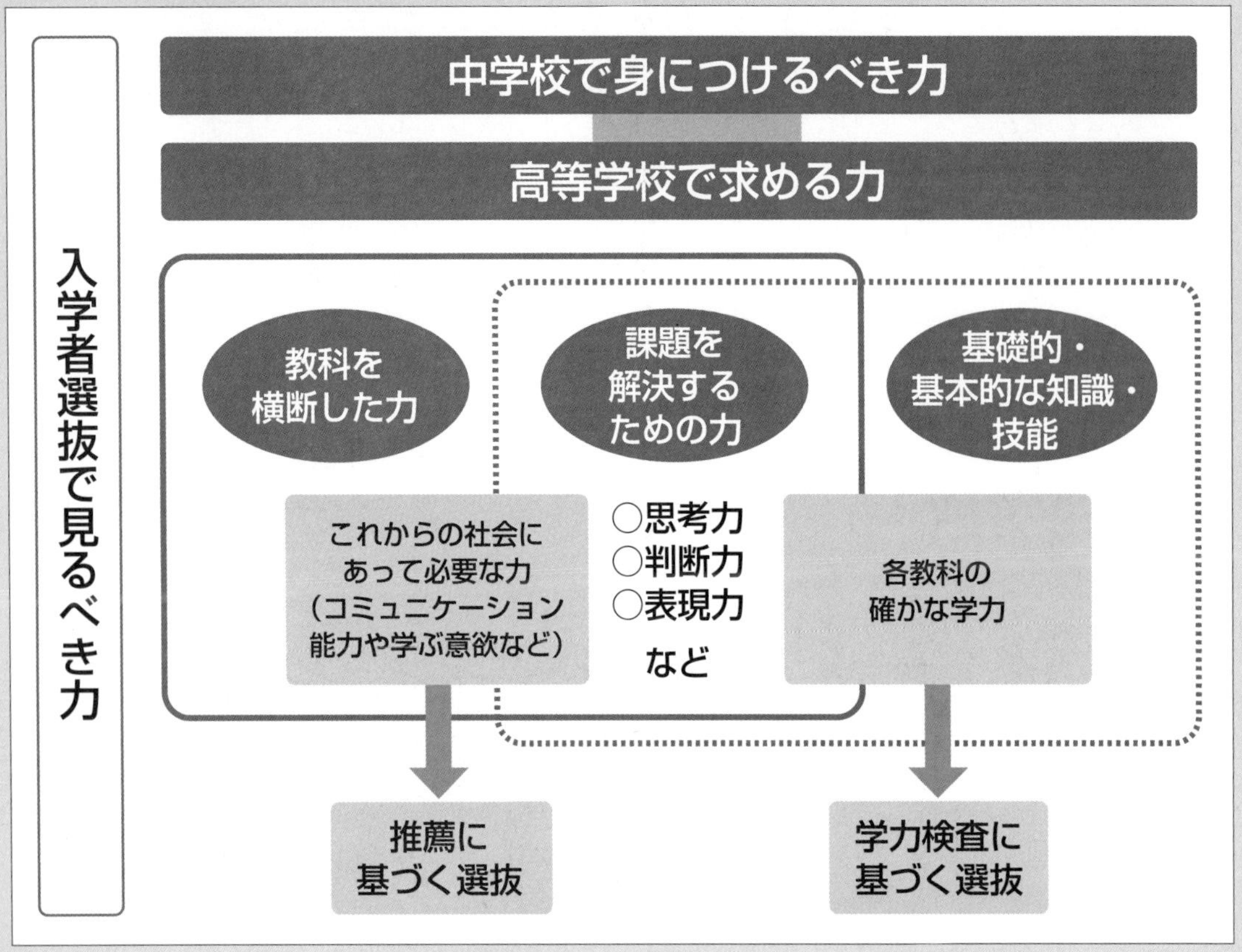

高校自体の変化

入試だけでなく、高校のあり方にも変化が見られます。ここでは大きなトピックを取り上げてみます。

各都県で「進学重点校」の指定が広がる

公立高校、私立高校にかかわらず、難関大学合格実績が求められるようになり、公立高校においても、「とくに大学進学に力を入れて指導する」という高校を指定する制度が広がっています。東京都がまず始めたものですが、いまでは各都県に存在しますので、都県別に指定校の校名をあげてみましょう。

〈東京都〉
・進学指導重点校　**日比谷、戸山、西、八王子東、青山、立川、国立**
・進学指導特別推進校　**小山台、駒場、新宿、町田、国分寺、国際**
・進学指導推進校　**三田、豊多摩、竹早、北園、墨田川、城東、小松川、武蔵野北、小金井北、江北、江戸川、日野台、調布北**

〈神奈川県〉
・学力向上進学重点校　**横浜翠嵐、光陵、柏陽、横浜国際、多摩、横須賀、鎌倉、湘南、平塚江南、小田原、横浜緑ケ丘、希望ヶ丘、川和、追浜、相模原、秦野、厚木、大和**

〈千葉県〉
・進学指導重点校　**木更津、佐原、千葉東、長生、県立船橋、安房、東葛飾、佐倉、成東、匝瑳**

〈埼玉県〉
・進学指導重点推進校（未来を創造するリーダー育成推進プロジェクト）　**県立浦和、浦和一女、大宮、浦和西、春日部、不動岡、越谷北、県立川越、川越女子、熊谷、熊谷女子**

入試ではこうした指定校に多くの受検生が集まるというのが最近の顕著な傾向です。

注目される「SGH」指定校

最近の高校における注目点といえば、「SGH（スーパーグローバルハイスクール）」の指定ではないでしょうか。将来、国際的に活躍できるグローバル・リーダーを育成するために、文部科学省が「SGH（スーパーグローバルハイスクール）」として、全国の高校のなかから56校を指定しました。ただ、首都圏の公立高校はわずかに3校しか指定されていません。

・埼玉県　**県立浦和**

・神奈川県　**横浜国際、市立横浜サイエンスフロンティア**

指定された学校には5年間にわたり1校あたり年間1600万円までの支援額が配分される一方で、次のような取り組みが求められています。

指定4年目以降には、

1．国際化に重点を置く大学へ進学する生徒の割合
2．海外大学へ進学する生徒の人数
3．課題研究が大学選択に影響を与えた生徒の割合
4．大学在学中に留学・海外研修に行く卒業生の数

といったことを、「成果目標」として検証されます。

ついでにもう1つの大きな指定である「SSH（スーパーサイエンスハイスクール）」に指定されている公立高校もあげておきましょう。2016年度より前に指定が切れる学校はあげていません。校名のあとの年度が指定期間です。指定校は科学教育のカリキュラム、設備に優れているので、理系分野に才能を伸ばしたいという場合には格好の場所となります。

・東京都　**日比谷**（～2016年度）、**戸山**（～2018年度）

・神奈川県　**厚木**（～2018年度）、

・千葉県　**市立千葉**（～2016年度）、**県立船橋**（～2018年度）

・埼玉県　**浦和第一女子**、**熊谷女子**、**熊谷西**、**松山**（以上～2016年度）、**県立浦和**（～2018年度）

都立国際は国際バカロレアの認定をめざす

グローバル人材の育成という点では、東京都が国際を2016年度に国際バカロレアディプロマ・プログラムの認定校（国際的に活躍できる人材の育成をめざしたプログラムで、実際に海外の大学に進学しやすくなります）にしようとしています。

2015年度入試で「国際バカロレアコース」1期生を募集。募集人員20名（日本人生徒15名、外国人生徒5名）に対して88名が応募して大人気となりました。

SGHといい、国際バカロレアの認定校といい、今後こうした方向をめざす高校は多くなりそうです（今年度もSGHの追加指定があります）。

千葉県　公立高校にもユニークなコースを設置

「コース」というと私立高校の専売特許のようなイメージがありますが、公立高校でもこれまでの「外国語コース」「美術コース」といったものとは違う「コース」の設置が見られるようになっています。とくにめだつのが千葉県です。

・**東葛飾**　医歯薬コース

・**千葉女子**、**安房**　教員基礎コース

以上大きな変化を取り上げましたが、入試だけでなく高校自体もこのように変わってきています。

保護者の高校時代は普通科はみな同じような勉強内容だったかもしれませんが、いまではこのように変わってきていますので、お子さんの興味、才能を伸ばしたい部分とマッチする学校選びをしたいものです。

高校入試の基礎知識

選ぶのは共学校か 男子校・女子校か

このページは、受験生や保護者のみなさんに「高校入試の基礎知識」を知ってもらうコーナーです。今月号巻頭では学校選びの基礎知識として、「国立、公立、私立高校の違い」を見てみました。ここでは、別の観点として「共学校、男子校・女子校の違い」という角度から見ていきます。

共学校か男子校・女子校か 自分はどれに向いているか

学校選択を進めるときに考えておかなければならない学校の違いの1つに「共学校」か「男子校・女子校」か、という要素があります。

共学校を志望校とするのか、男子校・女子校を選ぶのかは、学校での生活面を考えたとき、とくに重要な選択となります。

どちらを選ぶかによって、学校行事、部活動など、授業以外に過ごす時間での「楽しさ」「やりがい」「達成感」などが大きく変わってくるからです。また、それが友だちづきあいのプラスマイナスにつながり、ひいては勉強する雰囲気に関係しますから、学業成績にも大きな影響があるわけです。

首都圏の公立高校の多くは共学校です。私立高校には都県を問わず、多くの男子校・女子校があります。ただし、千葉には男子校だった**市川**の共学化で、私立の男子校はなくなってしまいました。私立の女子校も3校のみです。

ここ10数年、私立高校のなかにあって伝統ある男子校や女子校が共学校へと移行するケースが増えたために、とくに高校募集のある女子校は少なくなっており、難関校では**慶應女子**（東京）、**豊島岡女子学園**（東京）が残るぐらいです。

私立高校はそれぞれの教育理念で運営されており、男子校、女子校を選択することができるのも私立高校ならではの成り立ちであり、よさとも言えます。すでに述べたように公立校は共学校がほとんどですので、その特徴が際立つのが私立の男子校、女子校の存在とも言えます。

共学か男女別学かを選ぶ作業の前に、自分はどんな高校生活を送りたいのかということをしっかりと描き、どのタイプの高校が自分にとってよいのか、充実した高校生活を送ることができるのか考えてみましょう。

自分が共学校向きか男子校・女子校向きかは、志望校選びを始める前に見極めておく必要があります。わからなければ、中学校の担任や部活動の先生、塾の先生、また、友だちにも相談してみましょう。

共学校人気が続いているが 男子校・女子校にも根強い支持

私立高校では、ここ数年、共学校に人気が集まり、生徒募集ではとくに女子校が苦戦気味といわれていますが、高校募集のある女子校自体が激減していますから当然といえば当然で、女子校に行きたくても選ぶ学校が少なすぎ、難度も高いですから敬遠されます。その流れで、入りやすい女子校まで人気薄となっています。

　公立高校では共学校が全国的に多くなっています。

　東京、神奈川の公立高校はすべてが共学校ですが、埼玉と千葉の公立高校には男子校、女子校があります。

　首都圏4都県で私立高校以外の国公立全日制では、東京で国立の**筑波大附属駒場**（男子校）と**お茶の水女子大附属**（女子校）、埼玉県立の男子校5校（**春日部**、**熊谷**、**県立浦和**、**県立川越**、**松山**）、女子校7校（**浦和第一女子**、**春日部女子**、**川越女子**、**久喜**、**熊谷女子**、**鴻巣女子**、**松山女子**）、千葉の女子校2校（**木更津東**、**千葉女子**）となっています。

　私立高校には、前述したように共学校も多いのですが、男子校、女子校もたくさんあり、また、共学校、男子校・女子校の中間的な学校として「別学校」という学校もあります。

　東京の**國學院大久我山**、神奈川の**桐蔭学園**、**桐光学園**などは同じ敷地内に男子・女子が在籍していますが、ほとんどの授業、行事、部活動は男女別に行われます。

　これらが別学校（併学校）と呼ばれている学校です。かつてはこのタイプの別学校はほかにもあったのですが、多くが共学校へと移行しています。

　学校選びの要素としては男子校、女子校と同じと考えていいでしょう。ただ、東京の**國學院大久我山**は、自ら「共学校的別学校」と呼ぶほどです。また、**かえつ有明**（東京）は、高校1年までは別学、2年からは共学というシステムです。この2校は共学校の雰囲気と変わらなく感じます。

共学校、男子校・女子校、それぞれのよさがある

　共学校、男子校・女子校にはそれぞれ長所があります。この長所が自分に合っている学校を選ぶうえで大事な要素になります。

　最近は、共学校の方が人気ですが、男子校には男子校のよさが、女子校には女子校のよさがありますので、その人気も根強いものがあります。

　かつての高校では、工業高校には男子が、商業高校には女子が、といったイメージがありましたが、最近では工業系の高校に女子が、被服や家政関係の高校に男子が入学するケースも珍しくなくなっています。

　社会のなかで男女差がなくなってきたのに呼応して、高校選びの過程でも男女のこだわりがなくなってきているといえます。

　男子校には旧制中学からの流れを汲み、歴史と伝統を持つ学校が多くあります。生徒も学校行事、部活動などに徹底して力量を発揮していくタイプの生徒が多いのも特徴の1つといえます。

　女子校では「よき母親」を育てるといった教育方針が、かつては前面に出ていましたが、いまでは「国際性、自主性」を重視し、国際的な舞台で力を発揮できる女性を育成する、といったような教育理念へと脱皮し、新機軸を打ち出している学校がほとんどです。

　共学校を選ぶか、男子校・女子校を選ぶかは、ここまで述べてきたように、どんな高校生活を送りたいかという点が重要です。高校の役割は大学進学だけではありません。人間形成の部分が大きなウエイトを占めています。

　今後の社会に求められる人間像も変わってきました。

　それぞれの特徴を知り、どのタイプの高校が自分にとって充実した高校生活が送れるのかを考えてみましょう。自らの成長過程をどう創るのか、そのためにどのような学校選択が必要か、男子校・女子校、共学校、あるいは別学校の、それぞれの意義と果たす役割、内容について、あらためて考えてみましょう。

　進学実績はもちろん大切ですが、それだけでなく「人としての成長・人間形成になにが大切か」の視点もまじえて志望校を選ぶことが大切です。

共学校

　共学であった公立中学校から進学する場合、環境が変わらずスムースに溶け込めるのもプラス面の1つです。ただ、同じ共学でも私立高校はそれぞれ独自の教育理念で運営されていますから、「共学」というくくりでも、学校ごとにそれぞれ独自の校風があります。

　共学校では、男女がお互いの違いとよさを認めあい、相互に優れた点を吸収することができます。

　マイナス面は、男子、女子に特化した活動がしにくいことでしょうか。

男子校

首都圏公立高校の男子校は前述の通り埼玉県に5校のみですが、私立高校には多くの男子校があります。これらの高校は、伝統校が多く、歴史ある校風を受け継いでいます。

男子のみという特徴がありますので、勉学のみならず部活動や文化祭・体育祭などの学校行事を徹底してやりぬくという学校生活になります。それが「よかった」と、卒業生のほとんどが話しています。

男子のみという環境で育む友人関係が強固で、卒業しても長いつきあいになることが多くなります。

先輩からの学びも印象に残り、大学入試への挑戦でもよい影響を受けることが多くあります。男子同士で切磋琢磨し、スポーツや進学で高い実績をあげている男子校が多くあります。

マイナス面としては女子の考え方や立場に接する機会が少ないことがあげられます。

女子校

首都圏公立高校の女子校は埼玉県に7校、千葉県に2校のみですが、私立高校には女子校が多くあります。

これらの私立女子校は伝統校が多く、創始者も女性である場合が多いため、女性が成長していくうえでの「見守り」が大切にされています。

女子のみという特徴を活かし、それぞれ特徴ある教育理念を掲げて女子教育を行っています。

異性の目を気にせず、自分の個性を積極的に伸ばしていけるのも女子校の魅力といえます。カリキュラムや部活動でも女性ならではの特性を活かしたプログラムが用意されています。男子がいないことから、学校行事での力仕事なども女子が分担して活動していくことになります。

マイナス面としては男子の立場理解や、考え方に接する機会が少ないことがあげられます。

◇

さて、共学校、男子校・女子校それぞれの特徴を知るためには、やはり「学校に行ってみる」ことが大切です。

それぞれの特徴や雰囲気は、じつは、学校ガイドやホームページを閲覧しているだけではつかみとることができません。ぜひ、学校説明会などに足を運び、自分の目で、その雰囲気に触れてみましょう。

学校生活を送るうえでなにが違うのか

では、共学校、男子校・女子校とでは学校生活を送るにあたってなにが違うのでしょうか。

●授業の違い

大学受験に必要な教科などをみると、授業の内容は基本的にほとんど違いはありません。違いがある授業をあげれば、女子校でしつけや情操教育の一環として、時間割に「礼法」「華道・茶道」や「園芸」の時間がある学校があります。また、英語に力を入れ、授業数も多くなっている学校も女子校の方に多くみられます。

一方、男子校だからといって、授業に特別な要素を用意しているという学校は、女子校ほどはありません。私立男子校の一部に武道が必修の学校があったり、数学や理科など理数系の科目の時間を多めに取っている学校もあります。

●学校行事の違い

「体育祭」「文化祭」「合唱祭」「海外研修旅行」など、ほとんどの学校行事は共学校、男子校・女子校で同じように行われています。ただ、行事のなかのプログラムとして、女子校の体育祭で「扇の舞」などの集団ダンス、男子校では勇壮な「騎馬戦」「棒倒し」が行われ、その特徴が現れます。

冬の学校行事として、女子校では「百人一首大会」が定番ですが、共学校ではあまりみられません。

●部活動の違い

「やってみたい部活動が進学した学校になかった」というミスマッチは避けたいところです。共学校であれ、男子校・女子校であれ、人気のある部活動はどこの学校にもありますが、部の有無は、共学校、男子校・女子校の違いよりも、総生徒数の違いによることが多くなります。

男子校の運動部にはさまざまな部があることが多く、共学校よりバラエティーに富んでいます。ただ、部員数は人気のあるサッカー部などに偏っていることが今後の課題となっている学校もあります。

共学校では、男女ともに楽しめるスポーツでの交流や、マネージャーとしての活動を通してアイデンティティの確立が促されるなどのプラス面があります。

グローバル教育出版の本

新刊案内

「先生を育て学校を伸ばす」ベテランが教える

生徒を育て、人を育て、そして、自分を育てる 先生のための本

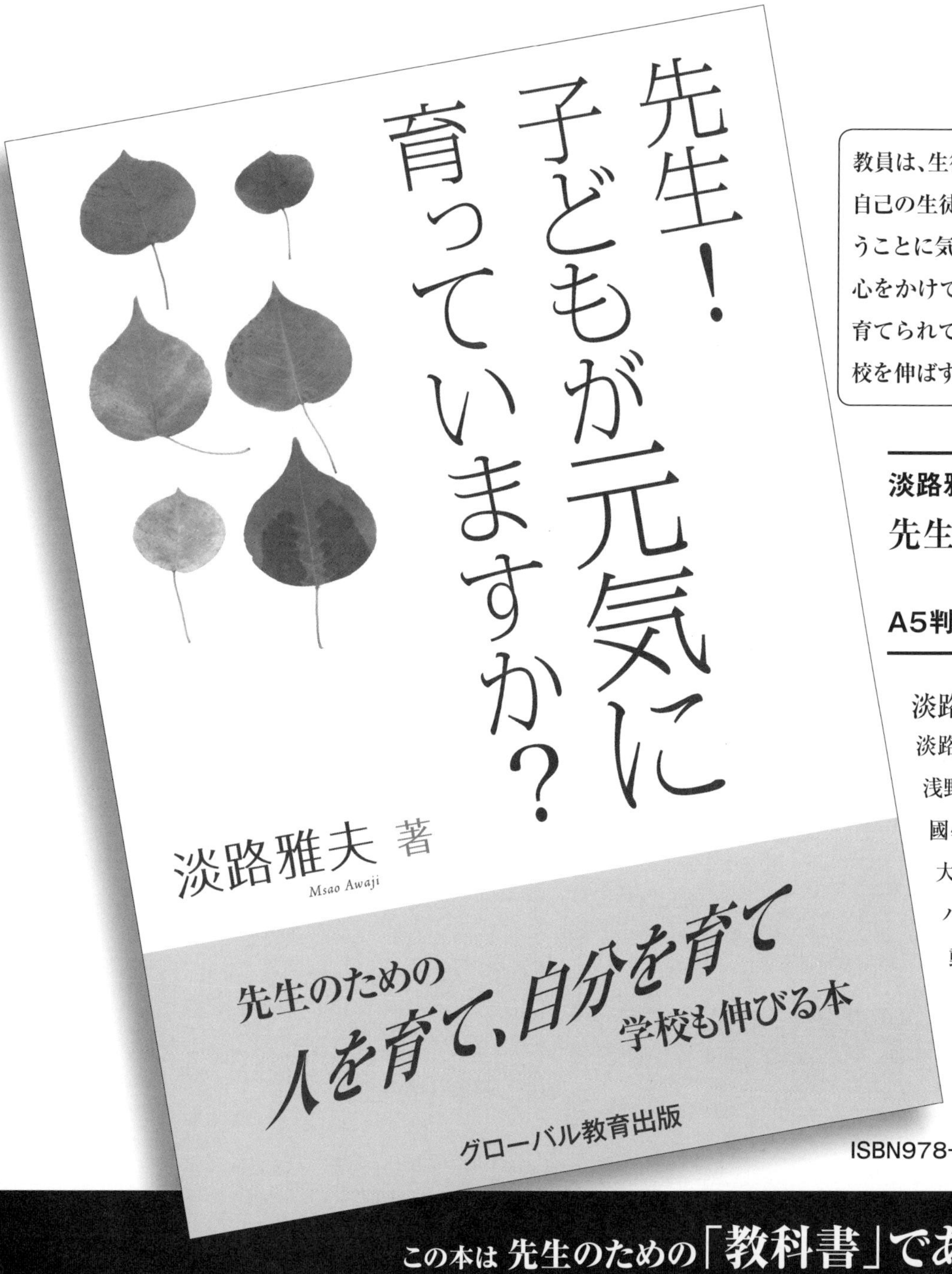

学校が伸びる

教員は、生徒に向ける関心こそが、自己の生徒指導の方法を磨いていくのだということに気づくべきです。生徒に「目をかけ、心をかけて」育てていくことで、教員自身も育てられているのです。それがひいては、学校を伸ばすことにつながります……著者

淡路雅夫 著

先生！子どもが元気に育っていますか？

A5判　160ページ　1,500円＋税

淡路雅夫（あわじ・まさお）

淡路子育て支援教育研究所主宰。私立浅野中学・高等学校の前校長。現在は、國學院大學教職特別講師、関東学院大学非常勤講師、東邦大学教職アドバイザーなどを務め、講演・執筆活動を通して私学支援を行う。専門分野は子どもの教育・福祉を中心とした家族・親子問題。

ISBN978-4-86512-058-5

この本は 先生のための「教科書」であり「強化書」である

森上教育研究所 所長 森上展安

http://www.g-ap.com

グローバル教育出版　〒101-0047 東京都千代田区内神田2-4-2 グローバルビル　電話 03-3253-5944　Fax 03-3253-5945

2月号の答えと解説

問題 漢字ボナンザグラム

空いているマスに漢字を入れて三字熟語と四字熟語を完成させてください。ただし、同じ番号のマスには同じ漢字が入ります。最後に［　］に入る四字熟語を答えてください。

7	13	10	9
2	8	3	省
唯	14	12	二
3	可	9	
14	7	8	
有	10	12	11
8	11	12	根
5	8	5	難
5	13	語	
6	談	13	
1	月	2	形
1	9	1	9
軍	4	主	13
11	物	7	
10	2	芸	
14	6	14	短
14	心	3	乱
3	老	6	寿
外	4	2	
7	5	数	
広	7	12	辺
13	理	2	情
戦	4	7	10
四	9	1	裂

解答 大義名分

解説

パズルを完成させると下のようになります。

【チェック表】

1	2	3	4	5	6	7	8	9	10	11	12	13	14
五	人	不	国	多	長	大	事	分	名	実	無	義	一

大義名分	一心不乱	不可分
有名無実	義理人情	多義語
五月人形	唯一無二	実物大
一長一短	多事多難	外国人
広大無辺	軍国主義	一大事
人事不省	不老長寿	長談義
事実無根	戦国大名	名人芸
五分五分	四分五裂	大多数

■語句の解説

大義名分…臣下として守るべき道理・本分や節義。また、行動を起こすにあたって、その正当性を主張するための道理や根拠。

有名無実…名ばかりで、その中身がないこと。評判ばかりで、内容が伴っていないこと。

人事不省…意識を失うこと。昏睡状態になること。

一心不乱…ただ１つのことに心を集中して、ほかのことに気を取られないこと。

軍国主義…国が栄えるためには、軍事力を強化して武力で他の国々をおさえることが必要であるとする考え方。

四分五裂…いくつにも分かれること。秩序をなくしてばらばらになること。

不 可 分…密接に結びついていて、分けたり切り離したりできないこと。

長 談 義…長い説法。長たらしくてまとまりのない話。

中学生のための学習パズル

今月号の問題

計算パズル

例のように、となり合った□のなかの数の差を、その下の列の□に入れていきます。

同じ決まりで、下の問題図の□のなかに、2～9の数字を1つずつ当てはめてください。パズルが完成したとき、アに当てはまる数はいくつになりますか。

【問題図】

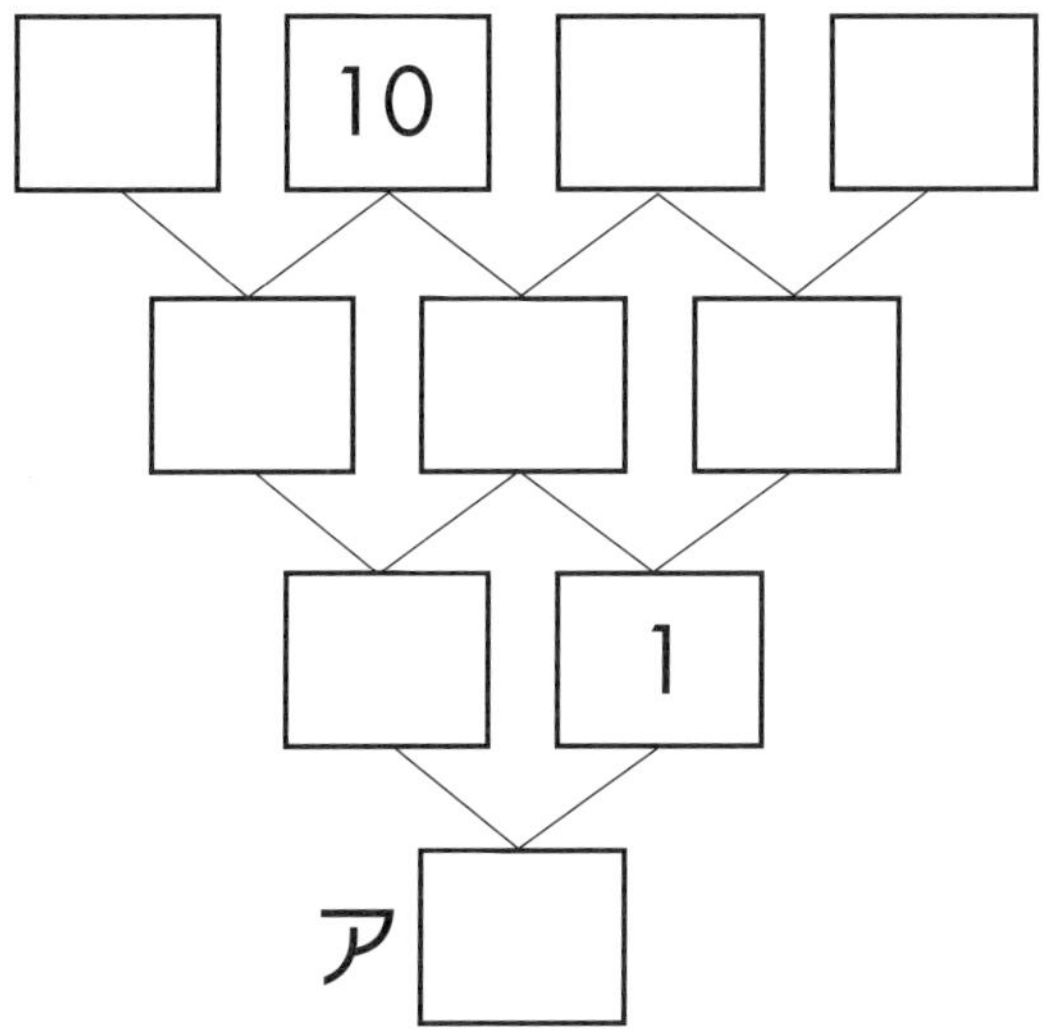

【例】

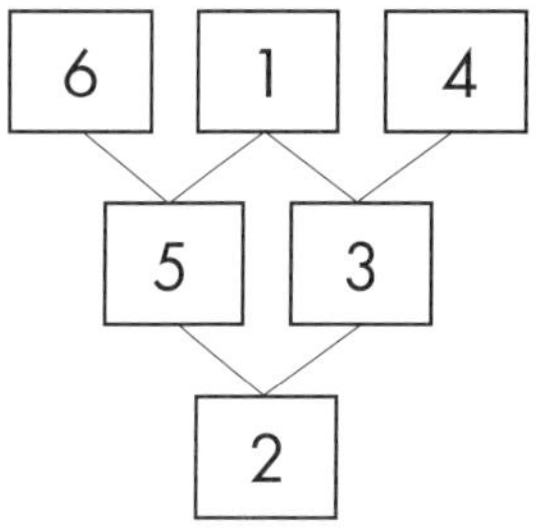

2月号学習パズル当選者

全正解者48名

内藤　大我さん（東京都日野市・中3）
鷹野　未来さん（東京都調布市・中1）
小林　春香さん（埼玉県朝霞市・小6）

応募方法

●必須記入事項

01　クイズの答え
02　住所
03　氏名（フリガナ）
04　学年
05　年齢
06　右のアンケート解答
　　73ページの「サクセスイベントスケジュール」で募集している展覧会の招待券をご希望の方は、「○○（展覧会の名前）招待券希望」と明記してください。

◎すべての項目にお答えのうえ、ご応募ください。
◎ハガキ・ＦＡＸ・e-mailのいずれかでご応募ください。
◎正解者のなかから抽選で３名の方に図書カードをプレゼントいたします。
◎当選者の発表は本誌2015年６月号誌上の予定です。

●下記のアンケートにお答えください。

Ａ今月号でおもしろかった記事とその理由
Ｂ今後、特集してほしい企画
Ｃ今後、取り上げてほしい高校など
Ｄその他、本誌をお読みになっての感想

◆応募締切日 2015年4月15日（当日消印有効）

◆あて先
〒101-0047　東京都千代田区内神田2-4-2
グローバル教育出版　サクセス編集室
FAX：03-5939-6014
e-mail:success15@g-ap.com

に挑戦！！

専《せん》修《しゅう》大《だい》学《がく》附《ふ》属《ぞく》高等学校

問題

右の図のようにA（0，6），B（12，0）を通る直線を ℓ とする。また，直線 $y = x + 6$ と x 軸との交点をCとする。線分OB，BA，AC，CO上にそれぞれ点P，Q，R，Sをとり，正方形PQRSをつくる。

点Pの x 座標を a とするとき，次の各問いに答えなさい。

（1）直線 ℓ の方程式を求めなさい。

（2）点Rの x 座標を a を用いて表しなさい。

（3）a の値を求めなさい。

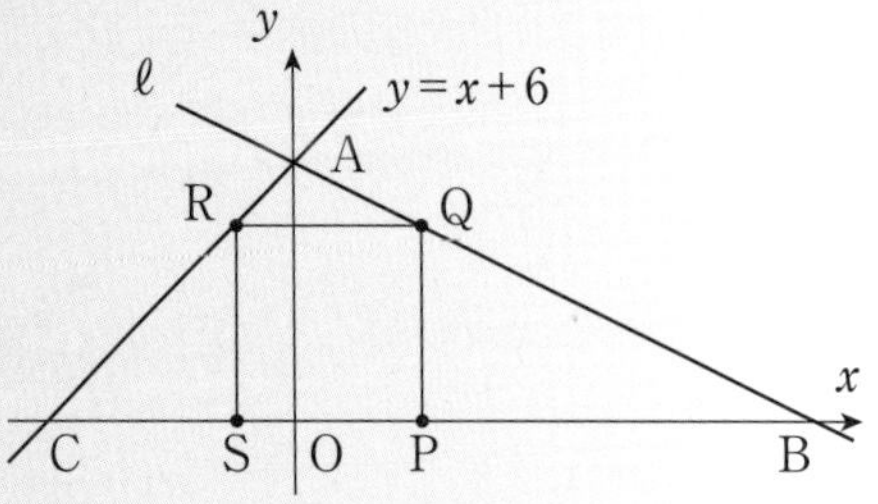

解答　（1）$y = -\frac{1}{2}x + 6$　（2）$-\frac{1}{2}a$　（3）$a = 3$

■ 東京都杉並区和泉4-4-1

■ 京王線・都営新宿線「代田橋駅」・地下鉄丸ノ内線「方南町駅」徒歩10分、京王井の頭線「永福町駅」徒歩15分

■ 03-3322-7171

■ http://www.senshu-u-h.ed.jp/

いずみ祭（文化祭）

両日とも9：30
9月19日（土）
9月20日（日）
※個別相談コーナーあり

学校説明会

すべて14：00
10月10日（土）　11月7日（土）
11月21日（土）　12月5日（土）
※個別相談コーナーあり

日《に》本《ほん》大《だい》学《がく》豊《ぶ》山《ざん》女《じょ》子《し》高等学校

問題

次の対話文（1）～（5）の（　）内に入る最も適切なものをそれぞれ選びなさい。

（1）A：Hello. This is Naomi. May I speak to Harry, please?
B：(　　　)
① I'm afraid I can't.　② Speaking.　③ I'll take it.　④ I'll call you later.

（2）A：Hi, Ken. Sorry I'm late.
B：(　　　)
① That's too bad.　② That sounds good.　③ That's all right.　④ That's right.

（3）A：What time should I leave home?
B：Leave home at five, (　　　)
① but you will catch the first train.　② and you will catch the first train.
③ or you will catch the first train.　④ so you will catch the first train.

（4）A：I have got two tickets for the soccer game. (　　　)
B：Oh, thanks. I can't wait.
① How much are they?　②Why don't you go with me?
③ How long does it take to walk there?　④ What do you think about them?

（5）A：Thank you for inviting me to your house.
B：(　　　)
① Hold on a moment.　② I don't think so.　③ Make yourself at home.
④ Good job.

解答　（1）②　（2）③　（3）②　（4）②　（5）③

■ 東京都板橋区中台3-15-1

■ 東武東上線「上板橋駅」・都営三田線「志村三丁目駅」徒歩15分、JR京浜東北線ほか「赤羽駅」・西武池袋線ほか「練馬駅」スクールバス

■ 03-3934-2341

■ http://www.buzan-joshi.hs.nihon-u.ac.jp/

私立高校の入試問題

開《かい》智《ち》高等学校

■ 埼玉県さいたま市岩槻区徳力西186
■ 東武アーバンパークライン「東岩槻駅」徒歩15分
■ 048-794-4599
■ http://www.kaichigakuen.ed.jp/

問題

右の図のようにOを頂点とし，底面の半径が2，母線の長さが6の直円錐がある。このとき，次の問いに答えなさい。

(1) この直円錐の高さを求めなさい。

(2) この直円錐をOAにそって切り開いたとき，その展開図をかきなさい。

(3) この直円錐の表面積を求めなさい。

(4) 点PをOAの中心とする。図のように直円錐の側面を点Pから点Aまで糸を一巻き弛みなくぴんと張ったときの糸の長さを求めなさい。

(5) この直円錐に内接する球の半径を求めなさい。

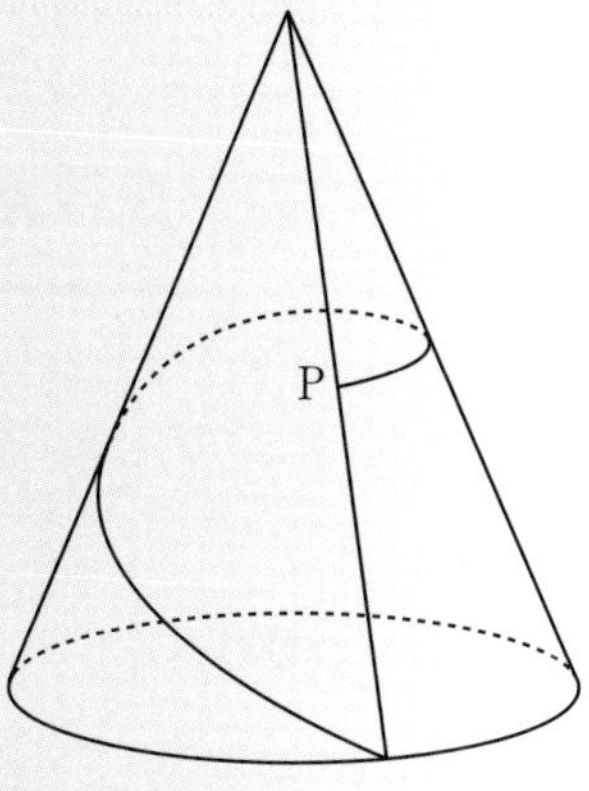

解答　(1) $4\sqrt{2}$　(2)

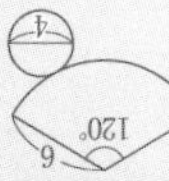

(3) 16π　(4) $3\sqrt{7}$　(5) $\sqrt{2}$

校《こう》成《せい》学《がく》園《えん》高等学校

■ 東京都杉並区和田2-6-29
■ 地下鉄丸ノ内線「方南町駅」徒歩5分
■ 03-3381-7227
■ http://www.kosei.ac.jp/kosei_danshi/

問題

図のように、AB＝CD＝4㎝の四角形ABCDがある。線分AD，BC，BDの中点をそれぞれL，M，Nとする。

∠ABD＝20°，∠BDC＝80°であるとき次の問いに答えなさい。

(1) △LMNが二等辺三角形であることを証明しなさい。

(2) ∠LNMの大きさを求めなさい。

(3) 3点L，M，Nを通る円の半径を求めなさい。

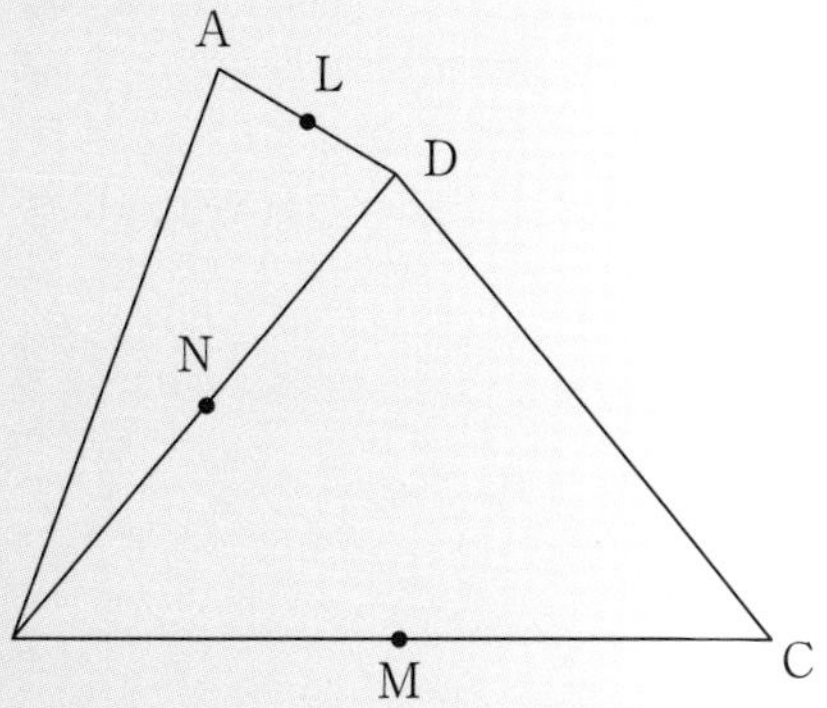

解答例　(1) 中点連結定理を用いると

△ABDについて$LN=\frac{1}{2}AB=2$ (cm)

△BCDについて$MN=\frac{1}{2}CD=2$ (cm)

したがって、△LMNは二等辺三角形である。

解答　(2) 120°　(3) 2cm

Letter section

＼みんなの／ お便りコーナー サクセス広場

テーマ

私の周りのすごい人

世界の国の首都をいくつも覚えている友人。彼の夢は世界一周だそうです。
（中２・I.F.さん）

塾の英語の先生！ すごく怖いけど、おもしろさも比例していてすごい！
（中１・シドーが大好きさん）

うちの兄が風邪をひいているところを見たことがありません。もちろん病気も。**健康すぎる**のがすごい！
（中１・カゼの子さん）

近所のお寺の**お坊さん**です。うまく説明できないけど、オーラがすごくて、すべてお見通しって感じなんです。どんな修行をしたらあんな風になれるのかな。
（中２・坊'Ｚさん）

友だちが双子です。２人ともダンスをしていて、踊ると息がぴったり合っていてすごいです。**双子パワー**を感じます。
（中１・一人っ子さん）

ぼくのクラスの担任のＫ先生は**全然怒りません**。それなのに、ぼくもですけど、ちゃんとみんな先生の言うことを聞くので、なんだか不思議ですごいです。
（中１・ぶるーすLeeさん）

テーマ

早起きのコツを教えて

目覚まし時計を５個セット！ しかも全部**１分ずつずらしてある**ので、二度寝したくても次のが鳴って起きちゃう。
（中２・ぴぴぴぴぴさん）

夜ご飯を早めに食べる。そうすると朝お腹が空いて早く目が覚めます！ お腹が空きすぎて眠れないときもありますが…。
（中１・M.O.さん）

いつもは10時ごろ寝てるけど、**８時に寝てみたら**朝６時に起きられた。早起きには早寝がイチバン！
（中１・早寝すぎ？ さん）

寝る前に**カーテンを開けておく**と、朝の光が入ってきてまぶしくて起きる。
（中２・遮光さん）

念じることです。寝るときに「●時に起きる、●時に起きる」と念じながら寝ることを繰り返していると、その時間にスッキリ起きられるようになりますよ！
（中３・ハーヤーオーキーさん）

目覚ましを何個も時間差でかけて、ベッドから部屋のドアまで、**少しずつ離して置いて**います。
（中１・寝ぼすけさん）

テーマ

１年で一番楽しみな行事

体育祭です。普段の授業では活躍できませんが、運動なら任せてください！
（中２・Y.E.さん）

やっぱり**文化祭**でしょ！ 当日ももちろん楽しいけど、みんなでわいわい準備するのも楽しい！
（中２・マツリさん）

水泳大会。うちの中学はなぜか異様に盛りあがります。
（中３・む～さん）

行事じゃないけど**終業式**のワクワク感が好き。明日から長い休みって思うとすごくテンションがあがる。
（中２・始業式は嫌いさん）

運動会は燃えますよね。今年は高校最初の運動会だから、いまからとても楽しみです。
（中３・T.S.さん）

必須記入事項

A／テーマ、その理由 B／住所 C／氏名
D／学年 E／ご意見、ご感想など

ハガキ、FAX、メールを下記までどしどしお寄せください!
住所・氏名は正しく書いてください!!
ペンネームは氏名のうしろに（ ）で書いてネ!
【例】サク山太郎（サクちゃん）

宛先

〒101-0047 東京都千代田区内神田2-4-2
グローバル教育出版 サクセス編集室
FAX:03-5939-6014
e-mail:success15@g-ap.com

募集中のテーマ

「行ってみたい都道府県」
「好きなパン」
「自分のここを直したい！」
応募〆切 2015年4月15日

ここにメールしてね!!

ケータイ・スマホから上のQRコードを読み取り、メールすることもできます。

Present!! 掲載された方には抽選で**図書カード**をお届けします!

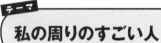

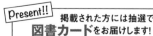

サクセス イベントスケジュール

3月～4月

世間で注目のイベントを紹介

花まつり

花まつりとは、釈迦《しゃか》の誕生を祝う仏教行事「灌仏会《かんぶつえ》」の別名。日本では原則４月８日に行われ、花で飾られた花御堂に安置された誕生仏の像に甘茶《あまちゃ》（アマチャという植物を煎じた甘いお茶）をかける風習がある。仏教の学校では行事の１つに花まつりを行うところも多いので、高校で体験できる人もいるかもね。

＼衝撃の近代日本美術／

ダブル・インパクト 明治ニッポンの美

4月4日（土）～5月17日（日）
東京藝術大学大学美術館

黒船来航から近代国家成立までの約半世紀の日本美術を、絵画、工芸、写真などで紹介する美術展。開国以来日本が西洋から受けたウェスタン・インパクトと、来日した西洋人たちが日本文化に衝撃を受けたジャパニーズ・インパクトを、東京藝術大学とアメリカ、ボストン美術館のコレクションを合わせて紹介する、「ダブル・インパクト」な内容だ。

旭玉山《人体骨格》年代不詳、東京藝術大学

「ダブル・インパクト」の招待券を５組10名様にプレゼントします。応募方法は69ページを参照。

＼関ヶ原合戦の全貌を知る！／

徳川家康没後四〇〇年記念 特別展 大 関ヶ原展

3月28日（土）～5月17日（日）
東京都江戸東京博物館

日本史が好きな人必見！　1600年の天下分け目の関ヶ原合戦で、東軍を率いた徳川家康。その没後400年の節目となる今年、歴史が大きく動いた関ヶ原合戦を多数の展示から振り返り、その実像に迫る特別展が開催される。最新技術を用いた映像展示や、武将たちが実際に用いた武具・甲冑なども過去最大級の規模で展示されるなど、見どころ満載だ。

《関ヶ原合戦図屏風》関ケ原町歴史民俗資料館蔵【展示期間：前期３月28日～４月19日】

「大 関ヶ原展」の招待券を５組10名様にプレゼントします。応募方法は69ページを参照。

＼インド仏教美術の至宝／

特別展 コルカタ・インド博物館所蔵 インドの仏 仏教美術の源流

3月17日（火）～5月17日（日）
東京国立博物館 表慶館

仏教生誕の地インドで展開した仏教美術の源流をたどる展覧会が開催される。秀逸な仏教美術のコレクションを所蔵する、アジア初の総合博物館として有名なインド・コルカタのインド博物館から、インド仏教美術の至宝が多数来日。日本では見られないエキゾチックな魅力をたたえた優美な美術品をたくさん鑑賞できるまたとないチャンスだ。

弥勒菩薩坐像　ロリアン・タンガイ出土　クシャーン朝（２世紀頃）

「特別展　インドの仏」の招待券を５組10名様にプレゼントします。応募方法は69ページを参照。

象と鯨図屏風　伊藤若冲筆　六曲一双のうち右隻　寛政９年（1797）MIHO MUSEUM蔵【展示期間】３月18日～５月10日

サンドロ・ボッティチェリ《聖母子と洗礼者聖ヨハネ》１４７７～１４８０年頃、テンペラ・板、直径96・５cm、ピアチェンツァ市立博物館 © Musei civici di Palazzo Farnese - foto Carlo Pagani
※展示期間：３月21日～５月６日

「ボッティチェリとルネサンス展」の招待券を５組10名様にプレゼントします。応募方法は69ページを参照。

「七人の侍」撮影風景　黒澤明監督　１９５４年 ©TOHO CO., LTD. 個人蔵

＼若冲と蕪村、2人の天才／

生誕三百年 同い年の天才絵師 若冲と蕪村

3月18日（水）～5月10日（日）
サントリー美術館

1716年、歴史に名を残す２人の天才絵師が誕生した。色彩鮮やかな花鳥図や動物を描いた水墨画を得意とした伊藤若冲と、俳句と絵が響きあう俳画を得意とした与謝蕪村だ。彼ら２人の生誕300年を記念して開催される展覧会では、代表作品をはじめ、同時代の関連作品などからそれぞれの画業を紹介。２人の天才の作品を見られるお得感満載な展示だ。

＼フィレンツェ・ルネサンス／

ボッティチェリとルネサンス フィレンツェの富と美

3月21日（土・祝）～6月28日（日）
Bunkamuraザ・ミュージアム

ルネサンスを代表する画家の１人、サンドロ・ボッティチェリの作品が10数点来日。門外不出と言われた日本初公開の傑作「聖母子と洗礼者聖ヨハネ」（展示期間3/21～5/6）をはじめ、貴重な作品ばかり。また、ボッティチェリの美しい絵画とともに、ルネサンス誕生の原動力となったフィレンツェ金融業の繁栄を探るユニークな展示構成にも注目だ。

＼映画美術の魅力を紹介／

東宝スタジオ展 映画＝創造の現場

2月21日（土）～4月19日（日）
世田谷美術館

映画の製作現場をテーマにした展覧会。東京都世田谷区砧（現・成城）にある「東宝スタジオ」は、これまでに多くの名作映画を生み出してきた撮影所だ。この展覧会では、映画史に名を残す「ゴジラ」と「七人の侍」に焦点をあて、特殊撮影や映画美術の魅力を探っていく。この２つの映画を見てから展覧会に行けば、感動も倍増するはず。

Success15 Back Number

サクセス15 バックナンバー好評発売中！

2015 3月号

もっと知りたい！
高大連携教育
宇宙について学べる施設

SCHOOL EXPRESS 国際基督教大学
Focus on 茨城県立土浦第一

2015 2月号

受験生必見！
入試直前ガイダンス
2014年こんなことがありました

SCHOOL EXPRESS 昭和学院秀英
Focus on 東京都立青山

2015 1月号

学年別
冬休みの過ごし方
パワースポットで合格祈願

SCHOOL EXPRESS 慶應義塾湘南藤沢
Focus on 千葉県立千葉東

2014 12月号

いまから知ろう！
首都圏難関私立大学
スキマ時間の使い方

SCHOOL EXPRESS 明治大学付属明治
Focus on 埼玉県立川越

2014 11月号

過去問演習
5つのポイント
本気で使える文房具

SCHOOL EXPRESS 立教新座
Focus on 神奈川県立柏陽

2014 10月号

大学生の先輩に聞く
2学期から伸びる
勉強のコツ
「ディベート」の魅力とは

SCHOOL EXPRESS 筑波大学附属駒場
Focus on 千葉県立薬園台

2014 9月号

こんなに楽しい！
高校の体育祭・
文化祭
英語でことわざ

SCHOOL EXPRESS 渋谷教育学園幕張
Focus on 東京都立国分寺

2014 8月号

2014年
夏休み徹底活用術
夏バテしない身体作り

SCHOOL EXPRESS 市川
Focus on 埼玉県立川越女子

2014 7月号

イチから考える
志望校の選び方
日本全国なんでもベスト3

SCHOOL EXPRESS 筑波大学附属
Focus on 東京都立三田

2014 6月号

難関国立・私立校の
入試問題分析2014
快眠のススメ

SCHOOL EXPRESS 豊島岡女子学園
Focus on 埼玉県立春日部

2014 5月号

先輩に聞く!!
難関校合格への軌跡
高校図書館&オススメ本

SCHOOL EXPRESS お茶の水女子大学附属
Focus on 神奈川県立厚木

2014 4月号

勉強も部活動も頑張りたいキミに
両立のコツ、教えます
水族館・動物園などのガイドツアー

SCHOOL EXPRESS 慶應義塾
Focus on 東京都立駒場

2014 3月号

どんなことをしているの？
高校生の個人研究・卒業論文
理系知識を活かしたコンテスト

SCHOOL EXPRESS 東京学芸大学附属
Focus on 千葉県立船橋

2014 2月号

勉強から不安解消まで
先輩たちの受験直前体験談
合格祈願グッズ

SCHOOL EXPRESS 開成
Focus on 千葉県立千葉

2014 1月号

冬休みの勉強法
和田式ケアレスミス撃退法
直前期の健康維持法

SCHOOL EXPRESS 早稲田大学本庄高等学院
Focus on 埼玉県立大宮

2013 12月号

東京大学ってこんなところ
東大のいろは
「ゆる体操」でリラックス

SCHOOL EXPRESS 早稲田大学高等学院
Focus on 埼玉県立浦和第一女子

これより前のバックナンバーはホームページでご覧いただけます（http://success.waseda-ac.net/）

How to order バックナンバーのお求めは

バックナンバーのご注文は電話・FAX・ホームページにてお受けしております。詳しくは80ページの「information」をご覧ください。

＜コーナー名＞

ア行
あたまをよくする健康…… 49
あれも日本語 これも日本語 …… 47
英語で話そう！…… 38

カ行
高校受験 ここが知りたいQ&A … 53
高校入試の基礎知識…… 64
公立CLOSE UP …… 60
古今文豪列伝…… 39

サ行
サクセスイベントスケジュール… 73
サクセスシネマ…… 52
サクセス書評…… 50
サクセス広場…… 72
サクセスランキング…… 54
サクニュー！…… 48
志望校選びはここから！
国立・公立・私立 徹底比較2015… 7
15歳の考現学 …… 56
私立INSIDE …… 58
私立高校の入試問題に挑戦!! …… 70
SCHOOL EXPRESS …… 18
School Navi …… 22
世界の先端技術…… 30
先輩に聞け！　大学ナビゲーター 44

タ行
楽しみmath数学! DX …… 36
中学生に読んでもらいたい
東大生オススメブックレビュー… 14
中学生のための学習パズル…… 68
東大入試突破への現国の習慣…… 34
東大への架け橋…… 6

ナ行
なんとなく得した気分になる話… 51

ハ行
バックナンバー…… 74
FOCUS ON 公立高校 …… 24

マ行
正尾佐の高校受験指南書…… 33
ミステリーハンターQの
歴男・歴女養成講座… 46
みんなの数学広場…… 40

ワ行
和田式教育的指導…… 28

＜本文中記事＞

ア行
青山高（都立）…… 62
厚木高（県立）…… 62
安房高（県立）…… 62
磯子高（県立）…… 55
稲毛高（市立）…… 55
茨木高（府立）…… 39
浦和高（市立）…… 9
浦和高（県立）…… 9, 62, 65
浦和第一女子高（県立） 12, 62, 65
浦和西高（県立）…… 62
江戸川高（都立）…… 62
エラスムス大…… 44
大宮高（県立）…… 62
小田原高（県立）…… 62
お茶の水女子大学附属高……8, 65
追浜高（県立）…… 62

カ行
開成高…… 10
開智高…… 32, 71
春日部高（県立）…… 62, 65
春日部女子高（県立）…… 65
鎌倉高（県立）…… 62
川越高（県立）…… 62, 65
川越女子高（県立）…… 62, 65
川崎総合科学高（市立）…… 55
川和高（県立）…… 62
木更津高（県立）…… 62
木更津東高（県立）…… 65
北園高（都立）…… 62
希望ヶ丘高（県立）…… 62
久喜高（県立）…… 65
国立高（都立）…… 13, 56, 62
熊谷高（県立）…… 62, 65
熊谷女子高（県立）…… 62, 65
熊谷西高（県立）…… 63
慶應義塾女子高…… 64
慶應義塾大…… 21
京華高……表2
京華商業高……表2
京華女子高……表2
佼成学園高…… 71
鴻巣女子高（県立）…… 65
国府台高（県立）…… 55
江北高（都立）…… 62
光陵高（県立）…… 62
小金井北高（都立）…… 62
小金高（県立）…… 55
國學院大學久我山高…… 65
国際基督教大（ICU）…… 44
国際高（都立）…… 56, 62
国分高（県立）…… 55
国分寺高（都立）…… 62
越谷北高（県立）…… 62
小松川高（都立）…… 62
駒場高（都立）…… 13, 62
小山台高（都立）…… 62

サ行
相模原高（県立）…… 62
佐倉高（県立）…… 62
佐原高（県立）…… 62
渋谷教育学園幕張高…… 10
城東高（都立）…… 62
湘南高（県立）…… 55, 56, 62
新宿高（都立）…… 62
墨田川高（都立）…… 62
専修大学附属高…… 70
匝瑳高（県立）…… 62

タ行
竹早高（都立）…… 62
立川高（都立）…… 62
玉川学園高等部…… 12
多摩高（県立）…… 62
千葉高（市立）…… 55, 63
千葉高（県立）…… 55
千葉女子高（県立）…… 63, 65
千葉東高（県立）…… 55, 62
中央大…… 22
中央大学附属高…… 13
中央大学附属横浜高…… 22
長生高（県立）…… 62
調布北高（都立）…… 62
筑波大学附属高…… 8
筑波大学附属駒場高……8, 65
筑波大学附属坂戸高…… 8
桐蔭学園高…… 13, 65
東京学芸大学附属高…… 8
東京学芸大学附属国際中等教育学校… 8
東京藝術大学音楽学部附属音楽高… 8
東京工業大学附属科学技術高…… 8
東京大…… 6, 14, 34, 39
東京大学教育学部附属中等教育学校… 8
東京都市大学等々力高…… 61
桐光学園高…… 65
桐朋高……表3
豊島岡女子学園高…… 32, 64
戸山高（都立）…… 56, 62
豊多摩高（都立）…… 62

ナ行
成東高（県立）…… 62
西高（都立）…… 56, 62
日本大学豊山女子高…… 70

ハ行
柏陽高（県立）…… 62
秦野高（県立）…… 62
八王子東高（都立）…… 62
東葛飾高（県立）…… 55, 62
一橋大…… 44
日野台高（都立）…… 62
日比谷高（都立）…… 56, 62
平塚江南高（県立）…… 62
広尾学園高…… 23
不動岡高（県立）…… 62
船橋高（県立）…… 12, 55, 62

マ行
町田高（都立）…… 62
松山高（県立）…… 63, 65
松山女子高（県立）…… 65
三田高（都立）…… 62
武蔵野北高（都立）…… 62

ヤ行
大和高（県立）…… 62
横須賀高（県立）…… 62
横浜国際高（県立）…… 62
横浜サイエンスフロンティア高（市立） 12, 63
横浜商業高（市立）…… 55
横浜翠嵐高（県立）…… 55, 56, 62
横浜緑ケ丘高（県立）…… 24, 62

ワ行
早稲田実業学校高等部…… 18
早稲田大…… 12, 18, 44, 58
早稲田大学高等学院…… 12

“個別指導”だからできること × “早稲アカ”だからできること

- 難関校にも対応できる
- 弱点科目を集中的に学習できる
- 最終授業が20時から受けられる
- 早稲アカのカリキュラムで学習できる

広がる早稲田アカデミー個別指導ネットワーク

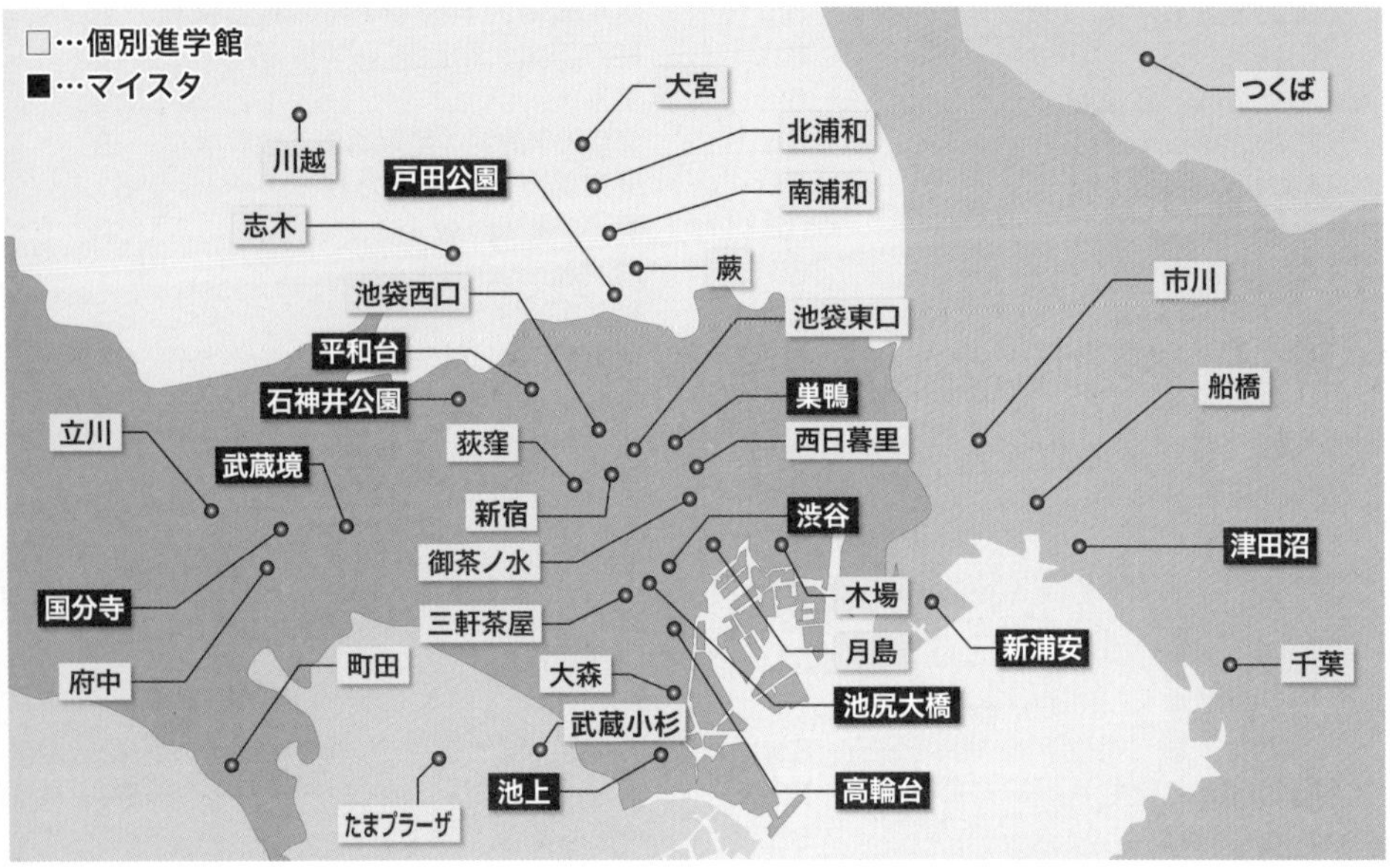

マイスタは2001年に池尻大橋教室・戸田公園教室の2校でスタートし、個別進学館は2010年の志木校の1校でスタートした、早稲田アカデミーの個別指導ブランドです。お子様の状況に応じて受講時間・受講科目が選べます。また、早稲田アカデミーの個別指導なので、集団授業と同内容を個別指導で受講することができます。マイスタは1授業80分で1:1または1:2の指導形式です。個別進学館は1授業90分で指導形式は1:2となっています。カリキュラムなどはお子様の学習状況、志望校などにより異なってきます。お気軽にお近くの教室・校舎にお問い合わせください。

悩んでいます… 新中2

クラブチームに所属していて、近くの早稲アカに通いたいのに、曜日が合わない科目があります。

解決します！

早稲アカの個別指導では、集団校舎のカリキュラムに準拠した指導が受けられます。数学だけ曜日があわないのであれば、数学だけ個別で受講することも可能です。もちろん、3科目を個別指導で受講することもできます。

悩んでいます… 新中3

いよいよ受験学年。中2の途中から英語が難しくなってきて、中3の学習内容が理解できるか心配です。

解決します！

個別指導はひとりひとりに合わせたカリキュラムを作成します。集団校舎で中3内容を、個別指導では中2内容を学習することも可能です。早稲田アカデミー集団校舎にお通いの場合は、担当と連携し、最適なカリキュラムを提案します。

悩んでいます… 新中3

中2範囲の一次関数がとても苦手です。自分でやろうとしても分からないことだらけで…。

解決します！

個別指導では範囲を絞った学習も可能です。一次関数だけ、平方根だけなど、苦手な部分を集中的に学習することで理解を深めることができます。『説明を聞く→自分で解く』この繰り返しで、分かるをできるにかえていきます。

新規開校 早稲田アカデミー 個別進学館 **新宿校・たまプラーザ校** 新入塾生受付中！

小・中・高 全学年対応／難関受験・個別指導・人材育成

早稲田アカデミー個別進学館

WASEDA ACADEMY KOBETSU SCHOOL

お問い合わせ・お申し込みは最寄りの個別進学館各校舎までお気軽に！

池袋西口校 03-5992-5901	池袋東口校 03-3971-1611	大森校 03-5746-3377	荻窪校 03-3220-0611	御茶ノ水校 03-3259-8411	木場校 03-6458-5153
三軒茶屋校 03-5779-8678	新宿校 03-3370-2911	立川校 042-548-0788	月島校 03-3531-3860	西日暮里校 03-3802-1101	府中校 042-314-1222
町田校 042-720-4331	たまプラーザ校 045-901-9101	武蔵小杉校 044-739-3557	大宮校 048-650-7225	川越校 049-277-5143	北浦和校 048-822-6801
志木校 048-485-6520	南浦和校 048-882-5721	蕨　校 048-444-3355	市川校 047-303-3739	千葉校 043-302-5811	船橋校 047-411-1099
つくば校 029-855-2660					

MYSTA

早稲田アカデミー 個別指導マイスタ

お問い合わせ・お申し込みは最寄りのMYSTA各教室までお気軽に！

渋谷教室 03-3409-2311	池尻大橋教室 03-3485-8111	高輪台教室 03-3443-4781
池上教室 03-3751-2141	巣鴨教室 03-5394-2911	平和台教室 03-5399-0811
石神井公園教室 03-3997-9011	武蔵境教室 0422-33-6311	国分寺教室 042-328-6711
戸田公園教室 048-432-7651	新浦安教室 047-355-4711	津田沼教室 047-474-5021

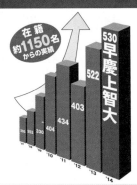

大学受験も 早稲田アカデミー Success18

中3生必見!!

難関大受験のスタートは 早稲田アカデミー Success18で

現役生難関大受験専門塾サクセスエイティーン

新高1春期講習会 無料

さあ、4月からは憧れの高校1年生。

期間				
学校別講座 第1ターム	3/2(月)▶3/21(祝)		第3ターム	3/26(木)▶3/29(日)
第2ターム	3/22(日)▶3/25(水)		第4ターム	3/31(火)▶4/3(金)

※学校別講座は、校舎によって授業実施日が異なります。

最大24時間の講習会が無料で受講できます

早稲田アカデミーの大学受験部門であるサクセス18では、「私語の無い緊張感のある授業」「少人数制で発問重視の授業スタイル」「復習型の丁寧な講義」など、**早稲アカ伝統のスタイル**で、高校生のみなさんを強力にバックアップします。これから高校生になるみなさんがスムーズに高校生活のスタートを切ることが出来るように、サクセス18では**最大24時間を無料で受講できる春期講習会**をご用意しています。進度の速い高校のカリキュラムをきちんと理解しながら学習を進めていくためにも、早稲田アカデミーサクセス18で一足早いスタートを切りましょう。

〜東大・医学部・ハーバードに一番近い新高校1年生のための英語塾〜

早稲田アカデミー Success18 TW Booster

「東大・医学部・ハーバードに一番近い英語塾」を掲げる「早稲田アカデミーIBS」。開講わずか2年で「小1で英検準1級合格」、「5歳で2級合格」の実績を出してきました。そのノウハウを凝縮したコース「TW Booster」受付中! コンセプトは「受験英語を超える英語脳の開発」。1年で準1級を目指します。3年後の「東大・ハーバードダブル合格」も射程に!

IBSコース2014年度英検合格実績(第1回・第2回合わせた結果です)

レベル	級	合格者数	備考	開校以来
大学修了レベル	1級	1名合格!	小6が合格	
大学中級レベル	準1級	3名合格!	年長合格者含む	開校以来計7名合格
高校卒業レベル	2級	23名合格!	小1合格者含む	開校以来計52名合格
高校中級レベル	準2級	30名合格!	小1合格者含む	開校以来計73名合格
中学卒業レベル	3級	44名合格!	小1合格者含む	開校以来計112名合格
中学2年生修了レベル	4級	35名合格!	小1合格者含む	開校以来計127名合格
中学1年生修了レベル	5級	34名合格!	小1合格者含む	開校以来計149名合格

春期講習会 受付中

4月新入塾生 受付中

高校生対象

医学部現役合格

医学部受験専門エキスパート講師が生徒が解けるまでつきっきりで指導する だから最難関の医学部にも現役合格できる!

医学部という同じ目標を持つ仲間と切磋琢磨!

現役合格は狭き門。入試でのライバルは高卒生。

一部の高校を除き、医学部志望者がクラスに多数いることは非常に稀です。同じ目標を持つ生徒が集まる野田クルゼの環境こそが、医学部現役合格への厳しい道のりを乗り越える原動力となります。

また、医学部受験生の約70%は高卒生です。現役合格のためには早期からしっかりとした英語、数学の基礎固めと、理科への対応が欠かせません。

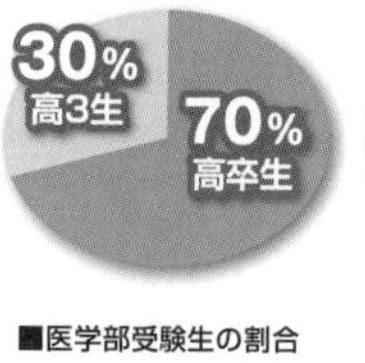

■医学部受験生の割合

■現役合格を逃した原因

Point 1
一人ひとりを徹底把握
目の行き届く少人数指導

Point 2
医学部専門の
定着を重視した復習型の授業

Point 3
受験のエキスパート
東大系主力講師陣

Point 4
いつでも先生が対応してくれる
充実の質問対応と個別指導

Point 5
推薦・AO入試も完全対応
経験に基づく万全の進路指導

Point 6
医学部の最新情報が全て集
蓄積している入試データが桁違

Success15

From Editors

みなさん、インフルエンザって1年に何度もかかることがあると知っていましたか？　というのも私、年末年始にインフルエンザにかかり、つい最近も38度以上の高熱が出てしまったんです。まさか再びかかるはずはない…と思いつつ病院へ行くと、「型が違えば同じ年に再度かかることはあります」と先生。今回は幸いにもインフルエンザではありませんでしたが、何度もかかる可能性があるなんて、インフルエンザの恐ろしさを痛感したのでした。その風邪も治り、今日から元気に過ごすぞ、と思っていたら、なぜか目が充血していて痛いんです…。私が完全に元気になるのはまだ先のようです。みなさんも健康には気をつけましょう。（T）

Information

『サクセス15』は全国の書店にてお買い求めいただけますが、万が一、書店店頭に見当たらない場合は、書店にてご注文いただくか、弊社販売部、もしくはホームページ（下記）よりご注文ください。送料弊社負担にてお送りします。定期購読をご希望いただく場合も、上記と同様の方法でご連絡ください。

Opinion, Impression & etc

本誌をお読みになられてのご感想・ご意見・ご提言などがありましたら、ぜひ当編集室までお声をお寄せください。また、「こんな記事が読みたい」というご要望や、「こういうときはどうしたらいいの」といったご質問などもお待ちしております。今後の参考にさせていただきますので、よろしくお願いいたします。

サクセス編集室お問い合わせ先

TEL 03-5939-7928
FAX 03-5939-6014

高校受験ガイドブック2015④サクセス15

発行　2015年3月14日　初版第一刷発行
発行所　株式会社グローバル教育出版
〒101-0047 東京都千代田区内神田2-4-2
TEL　03-3253-5944
FAX　03-3253-5945
http://success.waseda-ac.net
e-mail　success15@g-ap.com
郵便振替　00130-3-779535
編集　サクセス編集室
編集協力　株式会社 早稲田アカデミー

4月号

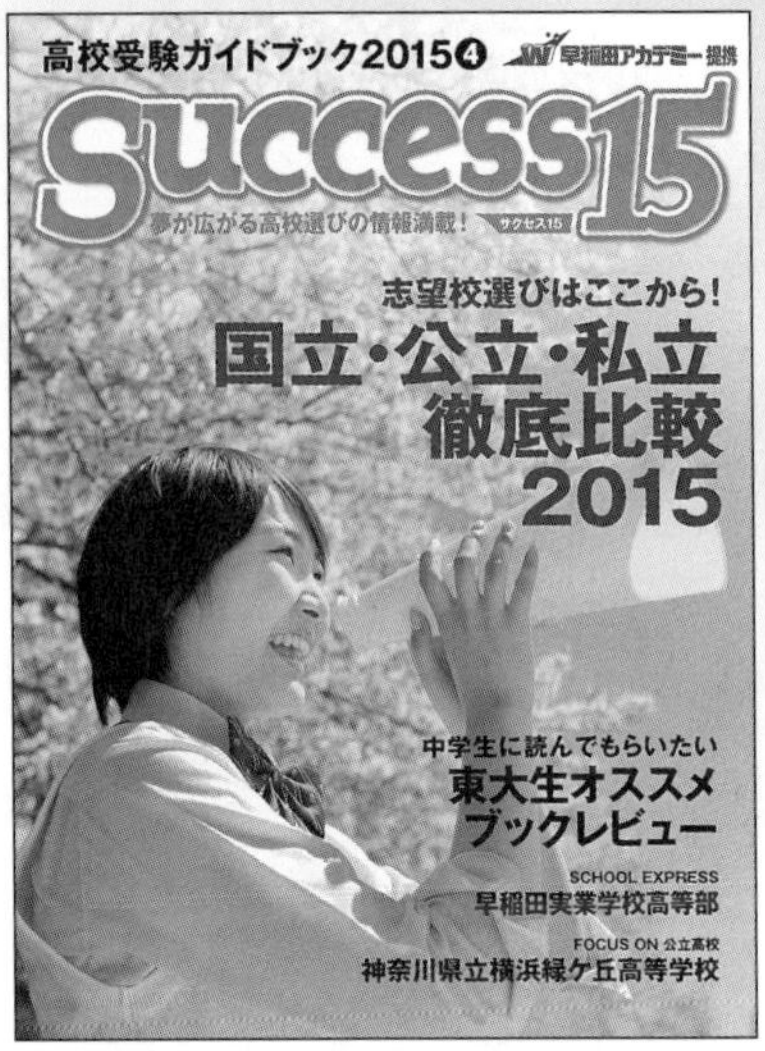

Next Issue　5月号

Special 1

難関校合格者
インタビュー

Special 2

世界遺産ガイド

School Express

早稲田大学高等学院

Focus on 公立高校

神奈川県立湘南高等学校

※特集内容および掲載校は変更されることがあります